個人旅行主張

有人在旅行中享受人生，
有人在進修中順便旅行。
有人隻身前往去認識更多的朋友，
有人跟團出國然後脫隊尋找個人的路線。
有人堅持不重複去玩過的地點，
有人每次出國都去同一個地方。
有人出發前計畫周詳，
有人是去了再說。
這就是面貌多樣的個人旅行。

不論你的選擇是什麼，
一本豐富而實用的旅遊隨身書，
可以讓你的夢想實現，
讓你的度假或出走留下飽滿的回憶。

有行動力的旅行，從太雅出版社開始。

個人旅行 *108*

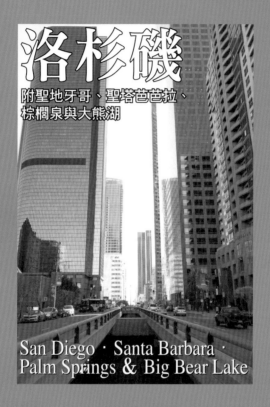

洛杉磯

附聖地牙哥、聖塔芭芭拉、
棕櫚泉與大熊湖

San Diego · Santa Barbara ·
Palm Springs & Big Bear Lake

作者◎艾米莉(Emily)

太雅

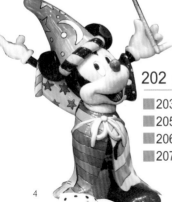

本書使用圖例

內文資訊符號

- ✉ 住址
- ➡ 如何到達
- 📞 電話
- http 網址
- 🕐 營業時間
- ⁉ 資訊
- 💲 票價
- MAP 地圖

地圖資訊符號

- 📷 景點
- Ⅿ 地鐵
- 🛍 購物
- 🚆 鐵路‧公車
- 🍴 餐廳
- 10 州際公路
- 🛏 旅館
- 101 美國國道

作者序

一開始，親朋好友是問我：何時出國唸書？
現在是，所有人都問我：什麼時候回洛杉磯？

曾幾何時，洛杉磯和台北，已經讓我分不清到
底愛誰多一點。

認識我的人對我的印象，應該是一致肯定我的
趴趴走功力，足跡踏遍亞洲、美洲和歐洲，
造訪過的國際大都市隨便數也將近50個，
Facebook上的動態怎麼看都覺得過太爽，但
玩得最深入也最有感情的，還是洛杉磯！而在旅居洛杉磯的近10年
裡，最常聽到的問題就是：洛杉磯有什麼好玩？

開什麼玩笑，洛杉磯超級好玩的啊！

留學的時候，我拚命往大自然跑，各個海灘玩水，國家公園健行，
市區建築巡禮，近郊小鎮逛逛，到處找物超所值的餐廳，記下年度
購物季折扣比例；工作後很幸運因為採訪緣故，有機會接觸到很
多平時得花錢才能享受的吃喝玩樂，也比一般人了解到更深入的資
訊，甚至幕後花絮或趣聞軼事也聽了不少。加上假日與朋友相約出
遊或聚餐，跑的範圍更廣，吃的層級更多，住宿選擇從乾淨安全到
偶爾奢侈，可以說從零預算到敢花錢，怎麼玩都難不倒我。

而要玩很簡單，會玩就是一門學問，這三千多個日子裡，老美注重
休閒生活的習性已經深深融入我的骨子裡，不但陸續學會滑雪、騎
馬、網球、高爾夫，還有搭遊艇出海、乘坐熱氣球，也變成生活經
驗之一，你說這些都是有錢人的享受，我說，看完小資(也小隻)如
我的書以後，這些你也都可以體驗到！

準備好跟我一起探索洛杉磯了嗎？也許你會在這趟旅行中，跟我一
樣在這座天使之城找到幸福喔！

關於作者　艾米莉(Emily)

世新大學、南加大(USC)傳播管理學系研究所畢業，曾任職於台灣
東森電視台、南加州最大亞洲電視台「LA18」生活旅遊線記者共10
年。在洛杉磯求學工作超過10年的時間裡，練就一身挖掘私房景點
的功力，對洛杉磯的熟稔度甚至已經超過土生土長的當地人，覺得
生活處處充滿驚喜與挑戰，篤信人生就該浪費在美好的事物上，專
長是在枯燥生活中找到隨意小樂趣，再用文字與照片記錄下被感動
的點點和滴滴，著有《個人旅行：洛杉磯》(太雅出版社)旅遊書。

Facebook粉絲專頁：www.facebook.com/babeemilyinwonderland
或搜尋「Emily in Wonderland」

推薦序

洛杉磯任職期間,先因受訪機緣認識Emily,復又三度合作《主播帶你遊台灣》四種語言版本的台灣觀光推廣專案,對這(看似)小女孩的旅遊專業與新聞播報效果給予高度肯定。

現代人的旅遊方式,已從大山大水的走馬看花,轉為深度、停駐、融入當地生活的慢旅行。而Emily的書,透過流暢的筆觸引領讀者,從莽撞的外國觀光客變身為懂得享受生活的老洛杉磯,五感俱全值得推薦。出發去洛杉磯時帶上Emily的書,就像多一位親切可人的旅遊達人陪著你一起體驗洛杉磯,留下最豐富特別的難忘回憶。

林信任
交通部觀光局東部海岸國家風景區管理處處長
前交通部觀光局駐洛杉磯辦事處主任

十多年前跟Emily當同事時,就覺得她除了很投入新聞工作,對生活周遭的吃喝玩樂也滿有研究,常提供當時最流行的餐廳辦同事聚餐。後來她去LA念書,進了當地的華人電視台,常在臉書上分享採訪了哪些好萊塢大明星,讓我們這些她口中「哥字輩」的人羨慕不已。過去也有同事趁著休假飛去LA,請Emily做地陪,走過許多當地人才知道的祕境、吃了當地人愛吃的小店,這些都不是跟團就玩得到與吃得到的。得知她將這些「明察暗訪」吃喝玩樂的地點,集結出書,肯定要提筆推薦,Emily將私房玩樂點公開,搭配詳細的交通建議方式,有這本書每個人都能輕鬆遊LA了!

侯升偉
三立新聞「文創LIFE」資深記者╱知名美食部落客

一本實用的旅遊工具書,能夠帶領讀者完成一趟美好的假期!

雖然,坊間有非常多介紹洛杉磯的旅遊書,但本書作者Emily,不只是位資深的媒體工作者,加上長時間旅居美國,對洛杉磯有著深入淺出的觀察,堪稱是專業的玩家,也是很棒的作家。Emily詳細介紹了洛杉磯的動人風情,滿足讀者吃喝玩樂不同的需求。看完這本書,好想馬上跟著她的腳步,出發去洛杉磯囉!

黃文華
東森新聞主播╱超視「請你跟我這樣過」節目主持人

修訂作者   **夏嘉(Sheila Xia)**

畢業於天津南開大學傳播系，2008年獲得倫敦政經學院和洛杉磯南加州大學Global Communication雙碩士學位，曾在北京和洛杉磯擔任記者多年，採訪過眾多政經與影視娛樂名人明星，現從業於品牌策劃與公共關係，涉及行業包括電子科技產品和動漫娛樂等。

天生的好奇寶寶，愛旅行、美食、咖啡與紅酒，享受自由是座右銘。曾經流浪在北京、倫敦和華盛頓，現在定居於洛杉磯，如今很自豪地當上了兩個孩子的媽媽。當生活再次被重新定義，夢想卻並沒因此而改變，希望化愛為動力，繼續愛生活、闖世界，相信只要有心在，未來就有無限可能。

如何使用本書

本書精采單元：風情掠影、分區導覽、熱門景點、逛街購物、特色餐飲、住宿情報、近郊之旅、旅遊黃頁簿，以及玩家交流、深度特寫等專題報導。多元豐沛的資訊，兼具廣度與深度，一網打盡個人旅行所需。

　　【風情掠影】專題彙整洛杉磯生活各個面向，從歷史、現況、節慶、美食、體育賽事等，提供精采深度的介紹。

　　【行程規畫】提供精華5日遊及親子4日遊行程，還有一日主題之旅，讓你的旅行有不同的組合可以搭配。

　　【分區導覽】詳盡介紹洛杉磯縣、橙縣的熱門景點、逛街購物、特色餐飲、住宿情報，搭配實用的旅遊資訊和精采導覽。

　　【深度特寫】提供值得深入介紹的事物，讓你不只是到此一遊，還能知道該地重要的歷史典故，或隱藏版的獨家報導。

　　【旅行小抄】為讀者設身處地設想，提供實用的小提示；或是該頁景點額外延伸的順遊推薦資訊。

　　【玩家交流】作者個人經驗分享，提醒讀者要留意的細節、獨特的美感體驗等等。

　　【知識充電站】旅行中必知的小常識或延伸閱讀。

　　【旅遊黃頁簿】介紹行前準備、機場與交通、消費與購物、日常生活資訊等，行程規畫更完整，提升事前準備的準確度。

　　【分區地圖】各分區皆有詳細的地圖索引，只要按圖索驥便能輕鬆找到目的地。

編輯室提醒

出發前，請記得利用書上提供的data再一次確認

每一個城市都是有生命的，會隨著時間不斷成長，「改變」於是成為不可避免的常態，雖然本書的作者與編輯已經盡力，讓書中呈現最新最完整的資訊，但是，我們仍要提醒本書的讀者，必要的時候，請多利用書中的電話，再次確認相關訊息。

資訊不代表對服務品質的背書

本書作者所提供的飯店、餐廳、商店等等資訊，是作者個人經歷或採訪獲得的資訊，本書作者盡力介紹有特色與價值的旅遊資訊，但是過去有讀者因為店家或機構服務態度不佳，而產生對作者的誤解。敝社申明，「服務」是一種「人為」，作者無法為所有服務生或任何機構的職員背書他們的品行，甚或是費用與服務內容也會隨著時間調動，所以，因時因地因人，可能會與作者的體會不同，這也是旅行的特質。

新版與舊版

太雅旅遊書中銷售穩定的書籍，會不斷再版，並利用再版時做修訂工作。通常修訂時，還會新增餐廳、店家，重新製作專題，所以舊版的經典之作，可能會縮小版面，或是僅以情報簡短附錄。不論我們作何改變，一定考量讀者的利益。

票價震盪現象

越受歡迎的觀光城市，參觀門票和交通票券的價格，越容易調漲，但是調幅不大（例如倫敦），若出現跟書中的價格有微小差距，請以平常心接受。

謝謝眾多讀者的來信

過去太雅旅遊書，透過非常多讀者的來信，得知更多的資訊，甚至幫忙修訂，非常感謝你們幫忙的熱心與愛好旅遊的熱情。歡迎讀者將你所知道的變動後訊息，善用我們提供的「線上回函」或是直接寫信來 taiya@morningstar.com.tw，讓華文旅遊者在世界成為彼此的幫助。

太雅旅行作家俱樂部

看懂洛杉磯標誌

在洛杉磯出門就要車，沒有車等於沒有腳，尤其一上路幾乎避免不了要開上高速公路，否則簡直哪裡也去不了，所以認識高速公路非常重要，了解交通規則更是確保行車安全，和盡量不要拿到天價罰單的守則，以下是開車必知重點和旅行中的重要標誌，基本交通法規可參考P.244。

認識高速公路

全美塞車最嚴重的前10條高速公路，有5條就在洛杉磯，所以遇上塞車很正常，只能盡量提早出門，千萬別因此壞了心情；多數閘道有東西向或南北向2個出口，最好用GPS或手機導航，畢竟洛杉磯高速公路的複雜程度是連當地人都可能迷路的！

常用高速公路(號碼)：

東西向：10、60、105、210、91

南北向：5、101、110、710、405、605、57

共乘車道 (Carpool Lane)

有時也會看到標示為HOV Lane(高承載車輛線道High-Occupancy Vehicle Lane)，意指車輛行駛在共乘車道時，車上至少要有2～3人，而且部分HOV或Carpool路段需裝FasTrak(類似台灣ETC)才能行駛，加上共乘車道的雙黃線儼然一道透明圍牆，不能隨時進切出，路況不熟恐怕錯過出口，違規罰金又相當可觀，約$300～$500之間，因此，為了行車與荷包安全，遊客還是開一般車道就好。

共乘車道指標

安裝FasTrak，1人也可走共乘車道，但要付費

共乘車道都在高速公路最內線

上路前需調整FasTrak的人數，以感應扣款

限速

美國距離單位用英里，限速當然也是，別看到「55」就傻傻只開時速55公里，因為55英里相當於約88公里，在高速公路上開太慢影響車流也有可能吃上罰單。

→速限標誌，每超過1英里罰金會再增加

加油站

幾乎都是自助式加油站，可直接在加油機上刷卡操作，但因為需要輸入郵遞區號，如果不是美國信用卡就只能到附設商店結帳，付現、刷卡皆可；油品分為Regular(87)，Plus(89)，V-Power(91)，相當於台灣的92、95、98無鉛汽油，Diesel就是柴油。

自助式加油槍只接受美國發行的信用卡

油價每天調整，漲幅很大也不算新聞

停止(STOP)

看到STOP標誌，一定要將車完全停下至少3秒，而且路人擁有絕對優先路權。

幾乎沒有紅綠燈的路口，就有STOP標誌

打折(Sale)

打折時要注意數字，「30% Off」指減少3成價錢，就是打7折，「Up to」意指折扣最高可到的範圍。

打折品的稅金還是依原價計算

清倉大拍賣(Clearance)

常會有令人驚喜的超低價，但由於是清倉貨，尺寸並不齊全或有些許瑕疵，購買的時候要仔細挑選。

清倉商品通常不能退貨

洛杉磯
風情掠影

LOS ANGELES OVERVIEW

　　遊客對洛杉磯的普遍印象，不外乎陽光、沙灘、棕櫚樹，或是明星、名牌、法拉利，再不就是環球影城、米老鼠。至於洛杉磯人怎麼看自己？富公信力的百年報社洛杉磯時報(LA Times)曾經做過民調，請讀者用3個字形容他們心目中的洛杉磯，沒想到答案多元又精采，就連洛時總編輯也無法輕易彙整出10個最多人使用的形容詞；而如果你問我，我的答案是：在這座城市，Anything is Possible！所以，現在就讓我們一起探索充滿無限驚喜的洛杉磯吧！

認識洛杉磯小檔案

縮寫：美國城市常會用英文頭字母縮寫作為代稱，例如洛杉磯(Los Angeles)就縮寫成LA。

範圍：由洛杉磯縣、橙縣、河濱縣、聖伯納蒂諾縣和范杜拉縣一共5個縣組成的大型都會區。

人口：約1,810萬人，是全美僅次於紐約的第二大都會區。

面積：33,954平方英里，約為台灣2.4倍大。

地理：美西加州南部，濱臨太平洋東側。

族裔：白人55.1％，亞裔10.4％，非洲裔7.6％，印第安原住民0.9％，太平洋島嶼裔0.3％，其他21％，還有4.7％為2種以上族裔混血。

移民：約3成居民非在美出生，其中62.1％來自拉丁美洲，28.9％亞洲，6％歐洲，3％來自世界其他地方。

多元族裔融合，讓洛杉磯的文化更為豐富

這裡也是美食饗宴天堂

繽紛植物分時節妝點城市

Los Angeles

隨時可以坐擁無敵海景

天使之城的華麗轉身

首位踏上洛杉磯土地的歐洲人，葡萄牙裔探險家Juan Rodríguez Cabrillo的塑像

發現 早在1萬3千年前，就有跡象顯示楚馬許人(Chumash)生活在南加州沿海，3千5百年前，另一支原住民通瓦人(Tongva)從內華達州遷徙到南加州，成為當時最主要居民；西元1542年，葡萄牙裔探險家Juan Rodríguez Cabrillo，代表西班牙帝國(Imperio Español)率領歐洲探險隊抵達南加州，宣布這裡是西班牙帝國的「天國」(the City of God)，隨即返回歐洲，直到1769年，西班牙裔官員Gaspar de Portolá率軍強制驅離通瓦人，引發多場血腥衝突，加上天花、麻疹、瘧疾等傳染病大肆流行，讓通瓦人幾近滅絕，西班牙人成為這裡的新主人。

原住民通瓦人的傳統祈日舞

輾轉 1781年，西班牙總督Felipe de Neve正式規畫出洛杉磯範圍，並以西班牙語意中的「天使之城」(Pueblo de Los Ángeles)作為城市名字，今天的洛杉磯(Los Angeles)就此誕生。此後洛杉磯在1821年歸屬墨西哥，又在1846年美墨戰爭後，成為美國領土。1848年，「淘金熱」吸引大批移民湧入，洛杉磯憑

洛杉磯現存最老房子的內部擺設(參考P.64知識充電站)

著「牛縣之后」(Queen of the Cow Counties)美譽(注)，為北加淘金客提供源源不絕的鮮美牛肉與各式農畜產品，順勢發了另一種淘金財。1850年，洛杉磯正式設市，並隨加利福尼亞成為美國第三十一州。

注：洛杉磯俗稱牛縣，和當時的北加州相比，還不能算獨立城市，但是有適合畜牧的肥沃土壤與絕佳氣候，因此成為一個以養牛為主的畜牧業地區。

↓墨西哥的傳統驢車，顯見老墨很早就在洛杉磯的生活痕跡

墮落

1850～1870年間，洛杉磯陷入治安黑暗期，有紀錄的兇殺案比當時紐約市犯罪率高出近20倍，讓這裡成為「全美毫無疑問最無法無天的城市」；還有當時社會風氣極為歧視印第安原住民，美國人強占印第安原住民財物，甚至將之殺害後，居然沒有法律可以將美國人定罪，也因此有好幾年的時間裡，美國人處理印第安原住民最快也最簡單的方法，就是殺了他們。

當時上流階層的家庭陳設樣貌

載運農糧、牲畜與奴隸的木籠車

重生

1892年，石油大亨多赫尼(Edward L. Doheny)發現蘊藏在洛杉磯地底下的豐富石油資源，展開大規模開採；1923年，洛杉磯石油產量達到全球用量25%。同時，官方開始修建現代化碼頭與連接全美各大都市的公路、鐵路，鼓勵民間廣設銀行與工廠；到了二戰期間，洛杉磯轉為美國首要飛機與軍用武器生產地，眾多大環境利多因素，讓洛杉磯迅速成為移民新寵，大批移民帶著資金或勞力湧進，希望能在此實現美國夢，加上好萊塢電影工業起飛，洛杉磯逐漸占有國際地位。

對洛杉磯發展占舉足輕重地位的重要人物

龐大勞力開始建設洛杉磯

油井探勘盛況

考驗 近百年的洛杉磯經歷多次天災人禍考驗，從1920年代延續下來的非洲裔、西語裔和亞裔等種族歧視問題，1970年代嚴重空氣污染，1980年代幫派、毒品猖獗，讓洛杉磯成為「美國幫派首都」(The Gang Capital of America)，並在1992年爆發美國近代史上最嚴重的洛杉磯大暴動(LA Riots)，還有

1994年北嶺(Northridge)大地震重創南加州，與近年的嚴重乾旱等都考驗著洛杉磯。

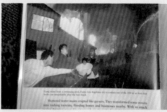

北嶺大地震。翻攝自著作《Shock Waves Through Los Angeles：the Northridge Earthquake》(1996)(作者Vogel, Carole Carbuny)

洛杉磯大暴動。翻攝自著作《Los Angeles Riots》(1992)(作者Hamilton, Sue L.)

展翅 關關難過關關過的洛杉磯，現在已經是美西最大城，全美僅次於紐約市的第二大城，與全球第三大都會區經濟體(紐約第一，東京第二)，相信這座天使之城未來也會繼續在始終耀眼的藍天下綻放光芒。

洛杉磯每年都為美國創造鉅額經濟收益

洛市中心的摩天大樓　　洛杉磯市政府

破除對洛杉磯的迷思

✕ 是加州首府？

洛杉磯是加州的最大城市，但首府卻是位於北加的沙加緬都(Sacramento)。

洛杉磯市徽

✕ 很擁擠？

雖然人口全美第二多，但洛杉磯腹地廣大，共有88座城市，加上居民大多直接從家裡開車到目的地，其實很少有機會在路上遇到人。

洛杉磯的公車站常常空無一人

洛杉磯的地鐵站也幾乎都沒人

Los Angeles

大眾運輸系統不好用？

大部分的洛杉磯人不會用大眾運輸系統，路上也沒有隨招隨停的計程車，但近年地鐵的線路多了，例如聖塔莫尼卡(Santa Monica)的地鐵站已於2016年開通，地鐵站附近也多了共享電動單車和電動滑板車，不妨下載APP嘗試一下，速度滿快的喔。如果不想租車，也可以叫Uber或Lyft這類網約車，尤其是在停車費比較昂貴的市中心地區，會比較方便。

共享電動滑板車開起來很快

新開通的聖塔莫尼卡(Santa Monica)地鐵站

BIRD共享電動滑板車可以用手機啟動，且可以隨時停在路邊，基本費用為$1，每分鐘15美分

空氣汙染很嚴重？

洛杉磯的確常在美國空氣污染城市排名中奪冠，但相較於亞洲的空污，洛杉磯空氣已經夠清新，而且幾乎天天有藍天。

晴空萬里很難感受空污問題

一直在塞車？

這倒是真的！洛杉磯平均每人有1.8輛車，就算高速公路已經寬闊到有8線道外加共乘車道(carpool lanes或HOV lanes)，還是常常出現大型停車場的狀況，不僅上下班尖峰時段必塞，凌晨、下午、半夜也會不明所以的塞車，GPS提供的抵達時間，在洛杉磯通常僅供參考。

在洛杉磯塞車是家常便飯，有時多付錢走共乘車道也一樣

19

精采多樣的節日慶典

老美很愛過節，每逢節日不但認真慶祝，而且主題風格相當強烈，從英文Holiday字義上來看，是指神聖的日子(Holy Day)，不過大多數美國節日並非宗教性質，而較具有紀念意義；一般分為聯邦政府法定假日(Federal Holidays)與其他節日，各州有權決定哪些節日應該放假，不過大多會遵循1971年生效的《美國統一假期法案》(Uniform Monday Holiday Act)來休假，以下列舉幾個洛杉磯人最愛慶祝的節日，有幸恭逢盛會的話，保證讓你留下深刻印象。

 New Year's Day
1/1

從1890年開始，洛杉磯會在新年第一天，用盛大華麗的玫瑰花車大遊行(Rose Parade)揭開序幕，每年不只吸引100多萬人親臨帕薩迪納市(Pasadena)共襄盛舉，更透過電視直播傳到全世界，堪稱備受國際矚目的新年活動之一，緊接著大學美式足球賽就在帕薩迪納玫瑰碗體育館(Rose Bowl Stadium，

大學美式足球強隊南加州大學(USC)

P.159)登場，這是美足迷最關心的賽事之一，因為登場的絕對是當年強隊，可看性十足，也是當天逢人必聊的話題。

玫瑰花車大遊行開啟新的一年

每台花車皆有主題

聖派翠克節 St. Patrick's Day 3/17

美國是民族大熔爐，節慶也充滿多元文化，像聖派翠克節就是人們紀念將基督教信仰傳播到愛爾蘭的主保聖人派翠克(Saint Patrick)的節日；根據愛爾蘭習俗，人們會在當天穿上綠色衣物，或是配戴愛爾蘭宗教上象徵三位一體的酢漿草飾品，祈求帶來幸運。

洛市中心有盛大車隊遊行

穿著格子裙與傳統服裝的風笛手

爺爺說只有這天他願意戴綠帽

在節慶這天，處處都是幸運酢漿草的裝飾

國殤日 Memorial Day 5月最後一個星期一

又稱陣亡將士紀念日，原本是紀念在南北戰爭中陣亡的將士，後來拓展成悼念所有英勇為國捐軀的美軍官兵，這天通常也被視為夏天正式開始的日子。

看到那麼多年輕生命殞落令人難過

全美各軍人公墓舉行哀悼儀式

洛市中心國慶大遊行

採訪美國海軍軍艦愛荷華號(USS Iowa)邀請退役海軍返艦慶祝盛況

國慶日　Independence Day 7/4

或稱獨立紀念日，是紀念1776年7月4日昭告的《美國獨立宣言》(US Declaration of Independence)，宣布北美洲13個英屬殖民地自大不列顛王國獨立、建立美國，當天會闔家大小、呼朋引伴烤肉喝酒，晚上一起欣賞國慶煙火、聽音樂會，非常歡樂。

當天衣服色系都是紅白藍國旗色

萬聖節　Halloween 10/31

就是西方人的鬼節，早期是紀念殉道基督徒，後來衍伸為紀念所有聖人。傳說在這個「死人之日」，各種惡鬼和亡靈會到處遊走，為了嚇走邪魔，人們會戴上恐怖面具來避免遭到侵犯，演變至今成為年度變裝盛會。任何只要想得到的造型都不奇怪，加上近幾年好萊塢特效化妝盛行，想要七孔流血、匕首插心、開膛破肚都不是難事，小朋友則逐戶按門鈴，大玩「不給糖，就搗蛋」(Trick or Treat)遊戲。

南瓜農場挑南瓜成為年度傳統

滿山遍野的南瓜任君挑選

幾乎各店都有賣萬聖節服裝與配件

感恩節 Thanksgiving Day
11月第四個星期四

第一批從歐洲來此的新移民,為了感謝印第安原住民教他們狩獵與耕種,而有了感恩節;老美會用這4天假期返家團聚,共享火雞大餐;重頭戲是週五凌晨展開的黑色星期五(Black Friday),與感恩節後的網路星期一(Cyber Monday)活動,商家會在店面與網站祭出超級大折扣,價格之誘惑常讓人買到殺紅了眼!

感恩節最主要的裝飾就是火雞

充滿節慶氣息的應景甜點

溫暖橘色系的感恩節布置

火雞內會塞很多配料(Stuffing),相當美味

聖誕節 Christmas
12/25

老美最重視的節日就是感恩節與聖誕節,意義相當於華人的過年,餐桌上一定會出現火雞與火腿,最應景的飲料是甜蛋酒(Eggnog),客廳放著妝點華麗的聖誕樹,樹下早已擺滿禮物,火爐壁上掛著小朋友的聖誕襪,滿心期待聖誕老公公會把襪子裝滿禮物;聖誕節一早上教堂做彌撒後,下午又開始另一波的搶便宜購物行程。

到處都有裝飾華麗的聖誕樹

聖誕飾品將街上妝點的相當華麗

葛洛夫購物中心(P.120)的繽紛聖誕布置

23

豐富美食
滿足老饕味蕾

洛杉磯像是小小聯合國，7大洲、5大洋的各色人種，在這裡幾乎都有，而多元種族自然造就豐富飲食文化，米其林等級的英、法、西、義等歐洲料理樣樣不缺，但都來美國玩了，還是多嘗試美式食物吧！至於比較符合黃種人口味的亞洲菜，就是吃膩漢堡、薯條後的解饞好選擇。

美式早餐／早午餐 (American Breakfast／Brunch)

最具代表性的「IHOP」(International House of Pancakes)在美加超過1,500家分店，而1958年創立的第一間店就在洛杉磯。傳統美式早餐分量大而扎實，雞蛋、培根、火腿、香腸外加4片厚實的鬆餅，或是搭配豐盛水果的法式吐司、可麗餅和歐姆蛋，還有無限續杯的家庭式咖啡，吃完就會知道為什麼老美總是長得又高又壯。

週末餐廳一般會推出早午餐，讓週末睡懶覺吃不到早餐的人，懶洋洋地把早餐和午餐合併一塊吃。近年來，牛油果吐司(Avocado Toast)、西班牙蛋(Spanish Eggs)都成為餐廳流行的菜式，但班尼迪克蛋(Egg Benedict)、華夫餅(Waffle)、法式吐司(French Toast)和煎蛋餅(Omelet)，卻是永遠的經典。

班尼迪克蛋是在英式鬆餅(English Muffin)與恰到火候的荷包蛋和火腿上，淋上荷蘭醬，味道香滑，很讓人滿足

法式吐司一般口感較甜，人們還會在上面淋上楓糖漿一起吃

西班牙蛋味道偏重，有的餐廳做的味道會比較辣，配上麵包和吐司吃很過癮

漢堡(Hamburger)

「In-N-Out Burger」似乎已經成了來加州必訪的漢堡朝聖地！從1948年由史奈德夫婦(Harry & Esther Snyder)在鮑德溫公園市(Baldwin Park)創店以來，至今已有近300家分店；In-N-Out堅持不用冷凍貨，吃得到鮮嫩多汁的牛肉，清脆爽口的萵苣、番茄、洋蔥、酸黃瓜，加

年年獲選「美西最佳漢堡」

上融化得剛剛好的起司，再淋上千島醬，那滋味足以讓人對漢堡改觀！如果要按當地人吃法，記得點餐加句「Animal Style, Please」。

熱狗(Hot Dog)

多次獲選「全美最美味熱狗」冠軍的「Pink's Hot Dogs」，1939年開賣時只是好萊塢街頭路邊攤，現在則是名聞遐邇，不論政商名流或市井小民，都甘願排隊只為一飽口福的超級熱狗。不過說真的，我覺得滋味不到驚為天人，純粹感受花小錢吃名氣和湊熱鬧的樂趣而已。

想要吃更高級熱狗的人，可以嘗試Wurstküche Restaurant，這間熱狗餐廳只有Downtown和聖塔莫尼卡兩家店，但是卻相當受歡迎，人流高峰期要排隊1個小時才能買到。除了一般用牛肉和雞肉做的熱狗之外，還有蛇肉和兔肉熱狗，店裡還有各種精釀啤酒。這可能是世界上味道最精美的熱狗了，難怪吸引了不少年輕人來捧場。

經典辣醬起司熱狗(Chili Cheese Dog)

蛇肉熱狗配上比利時啤酒。蛇肉的口感比較像雞肉，沒有腥味，但很有韌性，香腸裡加了彩椒，所有略帶甜味，香甜可口

三明治(Sandwiches)

老美的三明治一般都是冷餐，放在冰箱裡隨時拿出來吃，但近年來因為受到亞洲飲食文化，尤其是越式三明治的影響，越來越多餐廳推出了熱的三明治。其中，Mendocino Farms就是最有代表性的一家，這家店近年來迅速在大洛杉磯地區開了17家分店，除了味道好吃，還因為採用有機食材而受到菜單健康人士的青睞。菜單上最受歡迎的要數「Pork Belly Bahn Mi」和「Not so fried」、「Mary's Chicken」這幾樣了，多汁的肉、各類蔬菜和酸菜夾在香脆的Ciabatta麵包中，口感豐富，溫度冷熱搭配恰到好處，吃了可是會上癮的喔！

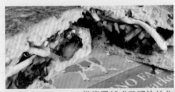

Pork Belly Bahn Mi借鑑了越式三明治的作法，但使用口感更好的Ciabatta麵包，外焦裡嫩，吃起來很過癮

餐車(Food Truck)

　　餐車是洛杉磯相當具特色的街頭美食，也可以算是洛杉磯的路邊攤，但是不會點餐該怎麼辦？別擔心，車身通常會貼食物照片，不然來份招牌菜就對了！

各式美味趴趴走的餐車文化

移動式廚房上山下海都能賣

墨西哥捲餅(Tacos)

　　美國人很愛墨西哥菜，而墨西哥捲餅已經成為美國人最愛的菜式之一，玉米餅中間放上肉類、洋蔥、西紅柿、高麗菜、牛油果，配上Salsa的醬汁或辣醬，喜歡吃辣的人，還可以配上墨西哥辣椒一起吃，多汁鮮美。無論是在餐廳，還是街頭的食品車，都是非常流行的菜式。

魚肉做的墨西哥捲餅最受歡迎

韓國烤肉(Korean BBQ)

　　「韓國城」(Korea Town)的韓國烤肉，可是連我的韓國朋友們都大力稱讚比家鄉還好吃的美味，而且大多都是吃到飽，每人$11～$30就能大吃牛、豬、雞、海鮮，外加不斷續盤的小菜、蒸蛋、海鮮泡菜煎餅，別忘了配上韓國燒酒，體會大口吃肉、大口喝酒的暢快！

所有小菜都可無限續盤

三五好友大吃烤肉很過癮

美式燒烤(American BBQ)

老美對燒烤的鍾情是深入骨髓的,但是和亞洲人習慣用高溫炭火烤肉不同,美式燒烤一般是烤豬小排(Baby Back Ribs),而且是用低溫煙燻烤上幾個小時,烤出來的小豬排會有一種特別的煙燻香味,蘸上特質的燒烤醬,入口即化,相當誘人。

Lucille Smoke House Bar-B-Que是一家非常受歡迎的連鎖美式燒烤店,在全美有24家分店,他們的燒烤,烤雞、烤tri-tip牛肉以及烤牛

烤豬小排

骨都很不錯,各種燒烤套餐都附贈香甜的玉米麵包,而且每樣套餐的分量都很感人。

炸雞與鬆餅(Chicken and Waffle)

和薯條與漢堡一樣,炸雞和鬆餅是美國的傳統食物,一開始是美國南方黑人的傳統食品,洛杉磯最有名的就是「Roesco's House Chicken and Waffles」和「Bruxie Original Fried Chicken & Waffle」。Roesco偏傳統些,而Bruxie則較新潮,甚至直接將炸雞和鬆餅做成三明治。

炸雞與鬆餅

烘焙(Bakery)

在洛杉磯這樣一個多元文化的地方,可以找到各種烘焙店,Porto's Bakery & Café從1976年第一家店開業至今,已經成為洛城古巴烘焙店的老字號,現在在洛杉磯有5家分店,而且每一家店每天都是門庭若市。無論是番石榴包(Guava Studel)、奶酪卷(Cheese Roll)、土豆球(Potato Ball),還是牛角麵包,這裡的烘焙分量大、口味好,且價格便宜,每一樣都用足了料,實惠又放心。

烘焙品很新鮮而且量很大

等的人很多,一般都要排隊

熱的牛肉土豆球吃起來很過癮

日本料理(Japanese Cuisine)

在「小東京」(Little Tokyo，P.58)可以找到各式日本美食，其中大政壽司(Oomasa)、大黑家拉麵(Daikokuya Ramen)、丸山涮涮鍋(Shabu-Shabu House)、Kokekokko居酒屋串燒等名店，永遠大排長龍！

定食菜色豐富且分量十足

頂級生魚片或吃到飽都可任意選擇

港式飲茶(Dim Sum)

雖然用餐環境略為吵雜隨性，但味道還真不錯！特價時1籠點心不到$2，叫滿桌吃到撐也不貴，而且服務生主要用廣東話和普通話溝通，客人又幾乎是華裔面孔，不小心會錯以為自己正在香港吃飲茶呢！

平均每人$10～$15就可以吃飽的美味港式點心

特色焦點

招牌飲料是焦糖布丁伴奶

焦糖奶茶的神話～伴伴堂

以胖胖杯為特色的連鎖手搖茶店家「伴伴堂」(Half & Half Tea Express)，在南加華人圈的人氣指數相當高，從2008年第一間店開幕至今，在洛杉磯已經有9間分店，而且每間店不分時段都要排隊，也想喝一杯嘗鮮看看嗎？華人餐廳聚集的區域通常就能找到分店。

越南河粉(Phở)

←肉片、肉丸、牛肚都有的牛肉河粉

大致分為生牛肉粉(phở tái)與熟牛肉粉(phở chín)兩種，河粉滑順爽口，牛肉鮮嫩多汁，湯頭以牛骨與洋蔥熬製，喝起來頗為清甜，開動時加上新鮮薄荷、九層塔、豆芽菜，再擠上青檸汁，就成了既開胃又有飽足感的平價美食。

越南美食保留法式風味

特色焦點

曾由法國殖民的越南，飲食上還保留法國文化影響，越南三明治用法國長棍麵包搭配越式內餡；越南布丁(Bánh Flan)雖然口感不若法式烤布蕾細緻，但味道之綿密，彷彿濃縮整顆雞蛋精華，上面一層焦糖，再淋上黑咖啡，吃過保證愛上！傳統越南冰咖啡(cà phê đá)是煉乳加咖啡，喝起來口感細滑，香醇中帶點微苦且略甜不酸，是我夏天最愛喝的飲料之一。

越南春捲沾花生醬更好吃

Los Angeles

一定要體驗的熱血沸騰

洛城人最風靡的職業運動

TOP 1

NCAA Football 大學美式足球

美式足球(Football，或稱橄欖球)分為國家美式足球聯盟(NFL)與大學美式足球(NCAA Football)，洛杉磯有2支大學美足強隊，而且彼此還是百年宿敵：公立的加州大學洛杉磯分校(UCLA)與私立的南加州大學(USC)；撇開場上刺激精采

不說，足球場一般可容納8～10萬人，全場齊聲吶喊震耳欲聲，還有凝聚到最高點的團隊向心力，就足以令人感動莫名。

樂儀隊造勢，一路帶隊前進球場

激烈競爭就為這座獎盃

樂儀隊與啦啦隊在旁全程演奏助陣

旅行小抄

安全檢查&禁帶外食

加州可以合法購買槍枝，因此為了公眾安全，所有進入特定場所的人員，都必須通過電子金屬探測門與隨身物品檢查，至少有2道安檢程序，觀光客常帶的瑞士小刀也屬違禁品，有時也不得攜帶大型行李或背包；大部分球場內禁帶外食，請務必配合所有安檢流程，否則安檢人員有權當場採取制伏或扣留手段。

知識充電站

大學足球校隊分級制度

NCAA Football將全美大學足球校隊分為3級，第一級實力最強，要擠進必須通過多項嚴苛評鑑，目前有127校位列1級，底下再分11個聯盟(詳細資訊可參考ESPN運動網站espn.go.com/college-football)，而UCLA與USC這兩校同屬太平洋12校聯盟(Pac-12)；至於你問我哪一隊比較強，身為USC校友的我當然全力支持特洛伊人隊囉！Trojans Fight On！

TOP 2 MLB 美國職棒大聯盟

洛杉磯有2支MLB球隊：道奇隊(Dodgers)與天使隊(Angeles)。道奇主場在洛市中心，天使主場在橙縣安納翰市(Anaheim)；受到台灣

道奇球場很特別，入口在最上層，還有球場風大，記得多帶件外套看比賽

旅美好手陳金鋒、郭泓志、胡金龍與曹錦輝等4人影響，道奇名聲在台灣較為響亮，不過天使隊的人氣在洛杉磯可一點也不輸道奇隊喔！

台灣觀光日 特色焦點

台灣觀光局駐洛辦事處曾連續多年在道奇棒球場(P.57)舉辦「台灣觀光日」活動，將台灣啤酒、鹽酥雞與夜市遊戲帶進球場，讓外國人有機會品嘗台灣美食，在玩樂中對台灣產生印象，大型廣告看板也不斷播放台灣觀光宣傳影片，多年來的確開拓可觀的北美市場，真要替努力在海外拼經濟的政府拍拍手！

TOP 3 NBA美國職籃

洛杉磯是NBA聯盟中，唯二擁有2支球隊的城市(另一為紐約)，其一是拿下16次NBA總冠軍的湖人隊(Lakers)，另1支則是近年表現亮眼的快艇隊(Clippers)。比賽多在晚上進行，下午可以先到史坦波中心(Staples Center，P.48)的明星廣場(Star Plaza)與6座籃球明星雕像合照，接著盡早入場，或許能看到明星球員正在熱身！隨後介紹球員入場，全體高唱美國國歌，那股氣氛總能深深撼動人心；比賽中的熱烈加油聲、大型聲光秀與活力性感的啦啦隊熱舞，也是看點之一，深受觀眾歡迎的遊戲，是既浪漫又有趣的Kiss Cam，另外還有座位號碼抽獎活動，從頭到尾絕無冷場！

畢生一定要到現場看一場NBA球賽

明星廣場是取景拍照的好地方

NHL
國家冰球聯盟

目前NHL有30支球隊，美國23支、加拿大7支，洛杉磯有國王隊(LA Kings)與安納翰鴨子隊(Anaheim Ducks)；基本上，冰球算是白人運動，場上鮮少見到其他顏色人種，連球迷也幾乎都是白人，有一說是傳統上白人較能負擔昂貴裝備，沿襲至今成了冰球特有文化。

緊張刺激的冰上曲棍球賽

入境隨俗的球場文化

特色焦點

老美看球都會穿上喜歡隊伍的代表顏色衣服或球衣，用最直接的方式表達支持，所以球場上常常壁壘分明，球迷向心力也更為凝聚，建議不妨入境隨俗換裝一下，甚至製作看板，在臉上彩繪……盡情享受High翻天的看球體驗！

旅行小抄

好用方便的網路訂票系統 Ticketmaster

幾乎各種門票在「Ticketmaster」都能買到，所以確定行程後建議先上網訂票，完成後會收到附有訂位編號的確認電子郵件，只要將信函印出隨身攜帶，加上附照片的有效政府證件(護照或國際駕照)，與用來訂票的信用卡，就可以在開場前到國際取票櫃檯(International Will Call)領票，相當方便。

http www.ticketmaster.com

國王隊年度總冠軍大遊行

馬里布海灘也是衝浪高手雲集的地方之一　年紀輕輕卻已經很會衝浪的小朋友

★ 其他熱門戶外運動

衝浪(Surfing)

常在電影電視中出現的新港灘(Newport Beach，P.190)、威尼斯(Venice Beach，P.134)與曼哈頓(Manhattan Beach，P.137)等海灘，不僅因為地形、洋流和風向造就絕佳浪勢，四季充足的陽光也讓南加州全年都適合進行海上活動，尤其每年夏天在杭亭頓海灘(Huntington Beach)舉辦的「美國衝浪公開賽」(U.S. Open of Surfing)，更聚集來自全球各地的衝浪高手到此大展身手。

滑雪
(Skiing & Snowboarding)

洛杉磯是全世界唯一能在當天上山滑雪，又到海邊游泳的城市。洛市中心往東2小時的大熊湖(Big Bear Lake，P.239)有2座滑雪場，坡道短且緩的熊山(Bear Mt.)適合初學者，相距10分鐘車程的雪峰(Snow Summit Mt. Resort)則有許多飯店、小木屋，不論想學雪橇(Ski)還是雪板(Snowboard)，山上都有現場報名課程可選擇；洛市中心東北方1.5小時的高山滑雪場(Mountain High)共有59條雪道，加上路況好開，很受南加州滑雪者青睞。

大熊湖除了滑雪還有很多活動

戶外公共場所禁止飲酒

洛杉磯禁止在「戶外」公共場所喝酒精類飲料，如果被警察發現，不但酒類會被沒收，還會吃上罰單，得不償失；此外，沒有酒牌的餐廳不能賣酒，當然也是不能飲酒的喔！

各種程度都有合適的滑雪道

賽馬(Horse Racing)

賽馬如此的上流社會活動也能平民化

聖塔安妮塔跑馬場(Santa Anita Park)

建於1934年，雖是南加州歷史最悠久的賽馬場，設備卻相當新穎，包括計時器、柵門與計分板都全面電子化；只要花最少$2賭金，就能跟著全場5萬名觀眾高聲加油，最後看到自己投注的馬駒率先衝過終點線的那一刻，那股興奮激昂的快感，絕對不只中獎的快樂而已！

✉285 W. Huntington Dr., Arcadia, CA 91007 ☎+1 (626)574-7223 ◎依比賽場次而異 💲最低$5 ➡公車78、79、187、378；開車FW210 🌐www.santaanita.com ℹ網路購票常有優惠 🗺封面裡

比賽進程快，相當緊張刺激

電子積分版清楚易懂

賽車(Car Racing)

全美運動汽車競賽協會(NASCAR)

NASCAR是美國規模最大，也最受認可的賽車競速團體，以職業運動的電視轉播收視率來看，它在全美收視率僅次於美式足球，可見其受歡迎程度；NASCAR為法蘭斯家族所擁有，在全美39個州、加拿大與墨西哥共1百多條賽道，舉辦或監辦超過1,500場比賽，雖然總部位於佛羅里達州，但也會在洛杉磯芳坦納市(Fontana)進行比賽，若有機會，真心建議前往體驗極速賽車的致命吸引力。

✉9300 Cherry Ave., Fontana, CA 92335 ☎+1 (909)429-5000 ◎週一~五08:00~17:00，週末暫停開放 💲最低$39 ➡開車FW10、FW15 🌐www.autoclubspeedway.com ℹ逢比賽會調整開放時間 🗺P.215

不用飛歐洲也能看精采賽車(圖片提供／NASCAR)

對愛好者來說，引擎呼嘯而過的聲音相當美妙(圖片提供／NASCAR)

洛杉磯精華5日遊

說到身為國際娛樂之都的洛杉磯，實在太多東西可以玩，任何人都可以找到最適合自己的玩法，只是腹地很大，加上令人頭痛的塞車，安排行程時建議挑選景點不要太過分散，以「天」為單位規畫行程，可自行依旅遊天數和個人興趣搭配，創造自己專屬的洛杉磯之旅！

Day 1

西洛杉磯看梵谷，海灘漫步逛街去

活動範圍以西洛杉磯為主，早上先到蓋蒂中心(The Getty Center)感受文藝氣息，欣賞荷蘭藝術大師梵谷(Vincent Van Gogh)的經典名畫《鳶尾花》(Irises)；接著去附近的威尼斯海灘濱海大道(Board Walk)逛街，欣賞街頭藝人的表演，黃昏之前，再到威尼斯運河區散步，欣賞豪宅的設計，享受美國威尼斯般的浪漫。晚餐就在瑪莉安德爾灣(Marina Del Ray)選一家義大利餐廳，大快朵頤。

早上 蓋蒂中心
下午 威尼斯海灘→威尼斯運河區
晚上 瑪莉安德爾灣吃晚餐

威尼斯海灘上的小店

蓋蒂中心 (The Getty Center)

蓋蒂中心 (The Getty Center)

夏天日落時間約在晚上8點後，但冬天傍晚4、5點就天黑了。

葛洛夫購物中心的草地上經常會有音樂會

Day 2-1

體驗上流世界，到好萊塢找明星蹤影

農夫市場有各國美食供大家選擇

早晨前往好萊塢，沿著星光大道上尋找自己喜愛的好萊塢影星的星星，不要錯過TCL中國劇院前的明星手腳印喔！若是時間充裕，不妨逛逛杜莎夫人蠟像館，或到洛杉磯縣立美術館(LACMA)參觀；中午可以到農夫市場午餐，在葛洛夫購物中心(The Grove)小憩；下午到比佛利山莊的羅迪歐大道(Rodeo Drive)散步，欣賞各大名牌櫥窗內的當季精品；晚上到世紀城購物中心(Westfield Century City)逛街，晚餐可以選擇到中心的Eataly品嘗義大利風情的地道美食。

早上 好萊塢高地中心→洛杉磯縣立美術館
中午 農夫市場午餐→葛洛夫購物中心
下午 羅迪歐大道精品購物街
晚上 世紀城購物中心→Eataly晚餐

西田世紀城購物中心設計獨特，可以找到很多洛杉磯當地的特色品牌

在Eataly可以吃到道地的義大利美食

洛杉磯當代博物館 (The Broad)

小東京 (Little Tokyo)

Day 2-2

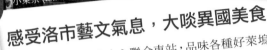

感受洛市藝文氣息，大啖異國美食

一早坐地鐵到市中心聯合車站，品味各種好萊塢電影中的場景，再到馬路對面的奧維拉老街(Olvera Street)，挖掘墨西哥風情小物；中午搭Uber到布萊德布利大樓(Bradbury Building)，見證百年精美工藝，再到街對面的中央市場(Grand Central Market)午餐，吃飽後穿過市場到街對面，坐天使纜車(Angel Flight)到Grand Avenue上，參觀洛杉磯當代博物館(The Broad)和迪士尼音樂廳。晚上再到小東京(Little Tokyo)吃碗熱呼呼的拉麵。

天使纜車其實路程很短，單程每人收費 $2

早上 聯合車站→奧維拉老街

下午 布萊德布利大樓→中央市場午餐→坐天使纜車→洛杉磯當代藝術館→
迪士尼音樂廳

晚上 小東京晚餐→逛街

Day 3

馬里布棧橋景色優美

體驗海邊小鎮，大啖新鮮海鮮

早晨沿著1號公路一路駕車到馬里布棧橋(Malibu)吃早午餐喝咖啡，感受碧海藍天的放鬆心情，再到旁邊的亞當森之家博物館(Adamson House Museum)，參觀老宅的精美設計和海邊花園的風景，中午在海邊的馬里布海鮮餐廳(Malibu Seafood Fresh Fish Market & Patio Cafe)吃魚和薯條，實惠又新鮮，再到附近的佩珀代因大學(Pepperdine University)參觀，如果累了可以到馬里布鄉村購物中心(Malibu Country Mart)，喝杯咖啡小憩一下，下午駕車回到聖塔莫尼卡(Santa Monica)看夕陽，在行人步行區逛街吃晚餐。

馬里布海鮮餐廳的炸魚和薯條可以說是全洛杉磯地區最棒的

早上 馬里布棧橋→亞當森之家博物館

下午 馬里布海鮮餐廳午餐→佩珀代因大學→馬里布鄉村購物中心

晚上 聖塔莫尼卡看夕陽→行人步行區晚餐→逛街

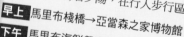

漢庭頓圖書館 (Huntington Library)

帕薩迪納市政廳 (Pasadena City Hall)

漫步莊園賞美景，上山看洛市夜景

上午先到漢庭頓圖書館(The Huntington Library)，在鳥語花香的莊園裡呼吸新鮮空氣；中午來到洛杉磯歷史最悠久的帕薩迪納舊城區，選一家口碑不錯的餐廳吃午餐；下午到附近參觀一下市政廳(Pasadena City Hall)，這可是洛杉磯當地最漂亮的建築物之一；日落前抵達格里斐斯天文台(Griffith Observatory)，欣賞夕陽下的洛杉磯美景；晚上可以在天文台觀賞球幕電影，看完電影出來你，一定會被金黃地毯般美麗的洛市景色所迷住。

早上 漢庭頓圖書館

下午 帕薩迪納舊城區午餐→帕薩迪納市政廳

晚上 格里斐斯天文台→夕陽→晚餐→球幕電影→洛杉磯夜景

> 夜晚山上偏涼，記得帶件外套。

格里斐斯天文台

享受山海景色，出海與鯨魚邂逅

早晨沿著海邊山上的Palos Verdes Dr，一路開到旅人教堂(Wayfarers Chapel)，在建築大師懷特所設計的、與山海融為一體的教堂內禱告，也可以從這裡的制高點，遠眺一望無際的大海；中午到特拉尼亞度假村(Terranea Resort)用餐，散步在絕美的海邊小徑；下午一路往北，到雷東多海灘(Redondo Beach)坐船、觀鯨看海豚，海上行程結束之後，正好可以在這裡的Quality Seafood邊吃海鮮邊看夕陽；晚上再到曼哈頓海灘散步，這裡有很多可愛的小店和酒吧，在疲憊的一天結束之前，不妨選一間酒吧，坐下來喝一杯清爽可口的Martini雞尾酒放鬆一下。

早上 旅人教堂→特拉尼亞度假村散步→午餐

下午 雷東多海灘坐船、看鯨魚和海豚

晚上 雷東多海灘看夕陽→Quality Seafood晚餐→曼哈頓海灘逛街晚餐

在 Quality Seafood 邊看夕陽邊品嘗新鮮生蠔

散步在特拉尼亞度假村的海邊小徑，空氣清新，風景可說是洛杉磯最好的

往墨西哥遷徙的鯨魚在冬季會出現，海豚很常見

37

洛杉磯親子4日遊

Day **1**

來歡樂迪士尼，拜訪米老鼠

準備好前往世界上最歡樂的地方嗎？今天可以選擇到迪士尼主題樂園，感受米老鼠童話王國的魅力，或是到迪士尼加州探險樂園，跟皮克斯動畫中的電影人物歡度一整天；從早到晚玩一天後一定餓翻了，所以晚餐不要跑太遠，就在迪士尼市中心隨機挑選好餐廳打打牙祭囉！

迪士尼市中心
(Downtown Disney)

早上 迪士尼主題樂園或迪士尼加州探險樂園

晚上 迪士尼市中心晚餐

> 禁帶外食，要有心理準備用餐花費較高。

迪士尼加州探險樂園
(Disney CA Adventure Park)

迪士尼主題樂園
(Disneyland Park)

Day **2**

城市漫步 (CityWalk)

環球影城 (Universal Studios)

環球影城一日遊，體驗好萊塢特效

> 這裡禁帶外食喔！

《變形金剛》(Transformers)、《玩命關頭》(The Fast & the Furious)、《史瑞克》(Shrek)這些熱門電影都看過吧？來到環球影城體驗超刺激的好萊塢電影特效，盡情搭乘每一項遊樂設施，觀賞超逼真的4D電影動畫，晚上再到環球影城旁的「城市漫步」散散步、逛逛街，最後跟同行好友找間熱鬧的美式餐廳，盡享隨性自在的美式夜生活氛圍吧！

哈利波特景區是現在環球影城最受歡迎的景點

城市漫步 (CityWalk)

早上、下午 好萊塢環球影城

晚上 環球影城城市漫步晚餐

Day 3

蒸汽小火車票價 $3，每週六開放

自然歷史博物館中的恐龍骨骼

科學探索，寓教於樂

喜歡小火車的小朋友一定會被迪士尼農莊(Disney Barn)的蒸汽小火車迷住！早晨坐著小火車，在精心打造的美國西部迷你景觀裡完成時空穿越，再到附近的火車博物館(Travel Town Musum)，體驗各式小火車的魅力；中午到Silver Lake的Lamill吃頓午餐；下午在加州科學中心(California Science Center)欣賞太空梭，以及美國西部最大的自然歷史博物館裡，探索各種科學的驚奇祕密；晚上到韓國城大啖烤肉。

早上 迪士尼農莊乘坐蒸汽小火車→火車博物館
下午 加州科學太空梭→自然歷史博物館
晚上 韓國城吃烤肉

Day 4

與海洋親密接觸

洛城擁有令很多城市豔羨的寬廣海岸線，早晨登上長堤的瑪麗皇后號(The Queen Mary)，領略上一世紀豪華郵輪的風采；中午到橙縣的安納翰包裝工廠(Anaheim Packing House)吃午餐；下午讓小朋友在新港海灘平坦的沙灘上盡情玩耍、堆沙堡和游泳，玩累了，就搭渡輪到對面的巴博亞半島(Balboa Penesula)，吃一根冷凍香蕉(Frozen Banana)補充能量；晚上到爾灣(Spectrum)吃飯，還可以乘坐摩天輪和旋轉木馬。

早上 長堤瑪麗皇后號→安納翰包裝工廠午餐
下午 新港海灘→巴博亞半島
晚上 爾灣逛街吃晚餐

新港海灘的沙灘平坦，海浪小，很適合小孩子玩耍

巴博亞半島的冷凍香蕉吃起來就像冰淇淋，而且口味有很多種

長堤上的瑪麗皇后號(The Queen Mary)

親子創意1日遊

洛城藝文樂趣十足

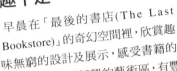

Abbot Kinney 大道上有不少潮店，讓人忍不住駐足

華茲塔 (Watts Tower)

早晨在「最後的書店(The Last Bookstore)」的奇幻空間裡，欣賞趣味無窮的設計及展示，感受書籍的生命力；接著到新興的藝術區，有豐富的塗鴉文化和畫廊，中午在這裡選一家可愛的餐廳吃午餐；下午到華茲塔藝術中心(Watts Tower Arts Center)，震撼視覺體驗的巨大塔型雕塑；晚上可以到文青最愛的Abbot Kinney大道上，洛城最潮的流行文化就在這裡！最後在這裡選一家餐廳吃晚餐。

上午 最後的書店→新興藝術區午餐

下午 華茲塔藝術中心

晚上 Abbot Kinney大道逛街吃晚餐

聖璜卡匹斯川諾修道院

洛斯瑞歐斯老街上有很多可愛的小店

獨一無二的歷史體驗

橙縣有一條火車路線，非常適合全家旅遊。一早搭Amtrak火車到橙縣的聖璜卡匹斯川諾(San Juan Capistrano)，參觀已有2百多年歷史的修道院，再到加州最古老的社區──洛斯瑞歐斯老街(Los Rios Street)，欣賞百年老建築。火車站本身就是一家餐廳，用餐過後再到Zoomars寵物動物園騎小馬、餵小羊；最後再登上火車到聖克萊門特(San Clemente)，了解這個西班牙風格小鎮的歷史。

小朋友可以在 Zoomars Petting Zoo 騎小馬

早上、下午 聖璜卡匹斯川諾修道院→洛斯瑞歐斯老街→火車站午餐→Zoomars寵物動物園騎小馬、餵小羊

下午、晚上 聖克萊門特小鎮遊逛，隨意找餐廳

旅行小抄

水上樂園的滑滑梯

水上樂園主題酒店——Great Wolf Lodge

Great Wolf Lodge在全美有19家酒店，最大特色就是有一個能滿足各年齡層遊客的室內水上樂園。室內溫度控制在84℉，有浴巾、躺椅和餐飲服務，各種大小的水上滑滑梯、人工海浪、Lazy River等，不僅小朋友玩得過癮，大人也可以衝浪、玩水上橡皮筏等。內部還有遊戲廳、迷你保齡球，以及許多適合小朋友的遊戲活動。酒店房間寬敞舒適，也有適合大家庭的大房。雖價格較昂貴，但考慮到包含了連續兩天的水上樂園活動，可以說是物有所值。

✉12681 Harbor Blvd, Garden Grove, CA 92840 ☎ +1 (888)960-9653 ⏰ 全年 💲 約每晚$400(含水上樂園的門票，不含其他娛樂設施費用) ➡ 公車43；開車FW22、5 http www.greatwolf.com

適合幼兒的泳池

酒店大廳裡有個模仿森林動物表演小劇場

洛杉磯縣

Los Angeles County

洛杉磯聖母大教堂

Impressions of Los Angeles

城市印象

融合現代與傳統的多元都會區

　　洛縣是全美人口最多的縣,約982萬人,甚至比美國43個州的人口數還多!全縣共88座城市,分別擁有自己的市長和市議會,最大的是洛杉磯市,約380萬人,最小的是工業市(City of Industry),才219人;不只人口數差異大,洛縣貧富差距也相當大,平均每戶中間收入為$46,452,有14.4%的家庭生活在貧窮線以下,但洛縣卻也是全美最多百萬富翁選擇居住的地方;另外,洛縣近半人口為有屋族,但仍有4.8萬人流落街頭,成為全美遊民問題最嚴重的縣。

　　洛縣好玩的地方非常多,去格里斐斯天文台看夜景,到比佛利山莊找明星蹤影,好多海灘有衝浪陽光男和比基尼辣妹,還有數不清的異國美食可以大飽口福。洛縣很現代也很傳統,很糜爛也很健康,總之是個充滿魅力等你發掘的有趣都會區。

知識充電站

有豐富選擇的紀念品,可看出洛杉磯囊括多個國際景點

洛杉磯縣工業市

洛縣的工業市,居民雖然只有219人,卻有2,500多間工廠、商家,工作機會達8萬多個,不愧是名符其實的工業市。

洛杉磯市中心
DOWNTOWN LA

著名印象

小東京

道奇
棒球場

布萊德
布利大樓

洛杉磯當代
藝術博物館

南加州大學

概況導覽

成立於1781年的洛市，是僅次於紐約市的美國第二大城，全加州3,800萬人口中，就有1／10住在洛市，大洛杉磯都會區則有1,820萬人，是美西商業、貿易、娛樂及文化的中心。大部分人對洛市的印象，都以為就是好萊塢、環球影城或迪士尼樂園所在地，但事實上當地人所指的洛市中心，是明信片中常看到的一片平房中，高高聳立著摩天大樓建築群與方圓5英里的範圍。

洛市中心每棟建築都各具特色，有文藝復興風格，也有現代極簡造型，在外表不起眼的大樓內，可能藏有好萊塢導演最愛的取景畫面，穿著時髦的上班族也可能在百年磚瓦堆砌的辦公室裡，用著平板電腦、喝著咖啡、談著生意，這就是洛市中心，永遠都在你想像不到的地方蘊含驚喜。

洛杉磯
紀念體育館

華特迪士尼
音樂廳

洛杉磯
聯合車站

洛市
中央圖書館

行家才知道

市區步行
參觀路線

洛市政府提供多條市區步行參觀路線，遊客可以參加團體導覽行程深入了解洛市，而且這項服務還曾獲選為「全美最佳市區導覽服務」！其中我最喜歡的路線就是Historic Downtown Walking Tour，只要花$10，就可以在2.5小時的導覽行程中，透過導遊風趣幽默的介紹，看見洛市經典百年建築的絕代歷史風華。
http www.laconservancy.org

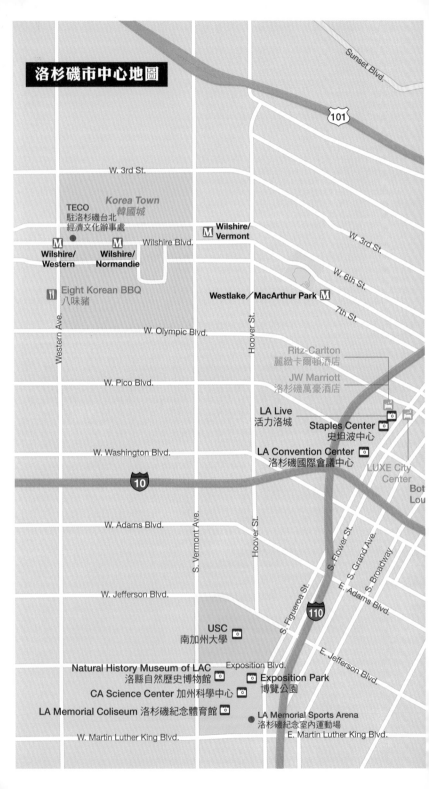

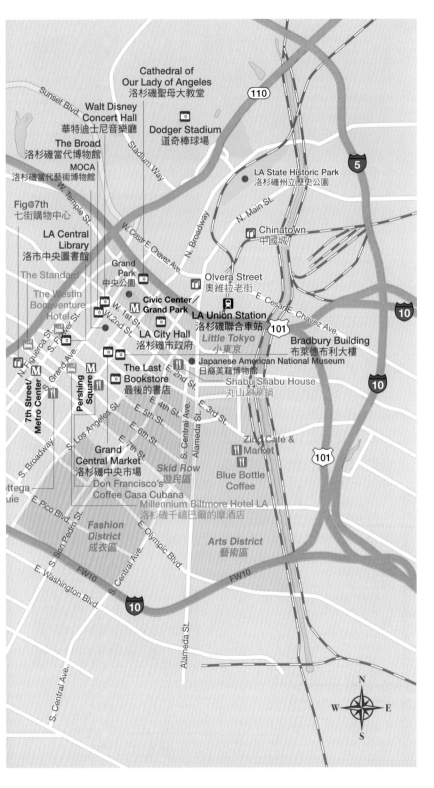

Cathedral of
Our Lady of Angeles
洛杉磯聖母大教堂

Walt Disney
Concert Hall
華特迪士尼音樂廳

Dodger Stadium
道奇棒球場

110

The Broad
洛杉磯當代博物館

MOCA
洛杉磯當代藝術博物館

LA State Historic Park
洛杉磯州立歷史公園

Fig@7th
七街購物中心

Sunset Blvd

Stadium Way

W. Temple St.

N. Main St.

5

LA Central
Library
洛市中央圖書館

W. Cesar E. Chavez Ave.

N. Broadway

Chinatown
中國城

The Standard

Grand
Park
中央公園

Olvera Street
奧維拉老街

E. Cesar E. Chavez Ave.

10

The Westin
Bonaventure
Hotel

W. 1st St.

Civic Center /
Grand Park

LA Union Station
洛杉磯聯合車站

W. 2nd St.

LA City Hall
洛杉磯市政府

Little Tokyo
小東京

Bradbury Building
布萊德布利大樓

101

10

N. Figueroa St.

S. Flower St.

S. Grand Ave.

7th Street/
Metro Center

Pershing
Square

The Last
Bookstore
最後的書店

E. 2nd St.

Japanese American National Museum
日裔美籍博物館

Shabu Shabu House
丸山涮涮鍋

E. 3rd St.

S. Broadway

S. Los Angeles St.

E. 4th St.

E. 5th St.

E. 6th St.

Alameda St.

Zinc Café &
Market

101

Grand
Central Market
洛杉磯中央市場

E. 7th St.

Skid Row
遊民區

Blue Bottle
Coffee

ottega
uie

Don Francisco's
Coffee Casa Cubana

Millennium Biltmore Hotel LA
洛杉磯千禧巴爾的摩酒店

E. Pico Blvd. St.

Fashion
District
成衣區

S. Central Ave.

E. Olympic Blvd.

Arts District
藝術區

S. San Pedro St.

FW10

FW10

10

E. Washington Blvd.

Alameda St.

S. Central Ave.

N

W   E

S

熱門景點

NBA球迷必訪朝聖地
史坦波中心
Staples Center

每年平均有400萬遊客光臨此地

現場看比賽氣氛超High

夜晚的史坦波中心更顯豔麗

- ✉ 1111 S. Figueroa St., Los Angeles, CA 90015
- ☎ +1 (213)742-7100
- 🕐 依比賽或表演場次而異
- 💲 依比賽或表演場次而異
- ➡ 地鐵藍線Pico站，往西走到Pico Blvd，右轉走1個街區到S. Figueroa St，右轉後就在左前方；公車30、81、439、442、460、銀線，DASH F；開車FW10、101、110
- http www.staplescenter.com
- ⁉ 非記者禁止攜帶太過專業攝影器材入場
- MAP P.46

　　這座多功能室內體育館，除了是NBA唯一有2支球隊──湖人隊(Lakers)與快艇隊(Clippers)共用的主場，還有女籃WNBA火花隊(Sparks)，與北美冰上曲棍球聯盟NHL國王隊(Kings)，也都以此為家；觀眾席坐滿約2萬人，從1999年10月啟用迄今，舉辦超過250場演唱會與葛萊美頒獎典禮(Grammy Awards)等大型活動，有些場次球賽門票最低只要$30，就能體驗現場看NBA的超High快感！

舉辦各地最夯的話題展覽
洛杉磯
當代博物館
The Broad

當下最夯的藝術家Jeff Koons設計的氣球狗

洛杉磯當代博物館的牆壁很像蜂窩

- ✉ 221 S Grand Ave, Los Angeles, CA 90012
- ☎ +1 (213)232-6200
- 🕐 週二、三11:00～17:00，週四、五11:00～20:00，週六10:00～20:00，週日10:00～18:00，週一休館
- 💲 免費
- ➡ 地鐵紅線和紫線Civic Center／Grand Park站下車，到1st Street左轉，Grand Avenue左轉，過了2nd Street就在右手邊；公車62、557、460、173；開車FW101、FW110
- http www.thebroad.org
- MAP P.47

　　洛杉磯當代博物館2015年9月才建成並對外開放，儘管只有2層，但因有5平方英尺的展覽面積，經常有世界各地最夯的展覽在這裡舉行，曾經轟動一時的Infinity Room就來這裡免費展出過。

匯集國際大展的綠色建築
洛杉磯國際
會議中心
LA Convention Center

📧 1201 S. Figueroa St., Los Angeles, CA 90015
📞 +1 (213)741-1151
🕐 有展覽才開放
💲 依展覽門票不同
➡️ 同P.48史坦波中心
🌐 www.lacclink.com
🗺️ P.46

展館範圍太大，每次都走到腿軟

分為南館(S Hall)與西館(W Hall)，備受矚目的年度大展包括：國際汽車大展(LA Auto Show)、E3遊戲展、日本動漫展(Anime Expo)與全球知名的情色

國際車展是我每年最期待的秀

展eXXXotica Expo；不僅外觀是綠色玻璃帷幕，更獲全美「最佳能源與環境設計金獎」，堪稱是真正的綠色建築。

時尚雅痞盡享璀璨夜生活區
活力洛城
LA Live

📧 S. Park District of Downtown LA, CA 90015
🕐 各店家不一，約11:00～翌日02:00
➡️ 同P.48史坦波中心
🌐 www.lalive.com
🗺️ P.46

就在史坦波中心旁邊

腹地還在繼續擴展的活力洛城(LA Live)區，總計斥資$25億打造，啟用後徹底改變洛市夜生活面貌，並連帶拉抬附近豪華公寓

房價，1房1衛每月租金至少就要$2,200起跳；此外還有眾多高級餐廳和娛樂場所，讓這裡成為洛市年輕白領最愛聚會的新興地方。

活力洛城晚間的霓虹燈，讓整個洛杉磯豔麗起來

洛杉磯
聖母大教堂
Cathedral of Our Lady of Angeles

✉ 555 W. Temple St., Los Angeles, CA 90012
☎ +1 (213)680-5200
🕐 週一～五06:30～18:00，週六09:00～18:00，
週日07:00～18:00
💲 免費
➡ 地鐵紅線、紫線到Civic Center/Grand Park
站，往北走半個街區到W. Temple St，就在
左前方；公車2、4、10、92，DASH B；開車
FW101、110
http www.olacathedral.org
❓ 每天免費導覽，服務台有中文解說冊
MAP P.47

光線從上灑落，讓禮拜堂更顯挑高明亮

斥資$2.5億打造，呈後現代建築風格，外觀多以銳角和鈍角拼接，並大量使用雪花石膏取代傳統花窗玻璃，讓挑高的禮拜堂內部光線更顯柔和、溫暖。從2002年啟用迄今，已經有500多萬名天主教徒到此朝聖，並用過42種語言進行週日彌撒；我不是天主教徒，但有時抽空來這走走，倒有一種在繁忙生活中找到片刻心靈寧靜的舒適感呢！

巨型壁毯全為手工縫製

簡潔現代配色
讓教堂感覺很
不一樣

匠心獨具的雕刻傑作

巨型管風琴演奏時撼動人心

玩家交流

洛杉磯市政府觀景台

從布萊德布利大樓步行約8分鐘就可抵達的洛杉磯市政府，在27樓有個觀景台，可以俯瞰大洛杉磯全景，雖然只有平日09:00~17:00開放，但卻是免費進入，相當值得把握機會前往喔！

✉ 201 Main St., Los Angeles, CA 90012　🗺 P.47　⁉ 進入市府需接受安檢

好萊塢導演最愛取景的百年建築
布萊德布利大樓
Bradbury Building

✉ 304 S. Broadway, Los Angeles, CA 90013
📞 +1 (213)623-2489
🕐 週一~五09:00~18:00，週末09:00~17:00
💲 免費
➡ 地鐵紅線、紫線到Pershing Square站，往北走半個街區到W. 4th St右轉，走1個街區到S. Broadway左轉，走半個街區就在對街；公車2、4、40、45、745或DASH D；開車FW101、110
🌐 www.laconservancy.org
🗺 P.47

　　建於1893年的羅馬式建築，外觀略顯低調，但室內令人驚豔！浪漫的維多利亞式中庭挑高5層樓，陽光從天井大片灑落，四周是華麗的雕花欄杆與鑄鐵扶手，腳下踩的是義大利大理石地磚。

我最喜歡鳥籠般的百年電梯，復古又經典，猜猜哪些電影曾在這取景？

在這取景的電影有近百部

繁複雕花欄杆考驗工匠技藝

布萊德布利先生當初只是想蓋個辦公室

照片很難拍出親眼見到的美

華特迪士尼音樂廳

Walt Disney Concert Hall

✉ 111 S. Grand Ave., Los Angeles, CA 90012
☎ +1 (323)850-2000
🕐 週一～五09:00～17:00，演出另外開放
💲 免費，表演門票另計
➡ 地鐵紅線Civic Center/Grand Park站，出站後往西南方走到路口W. 1st St，右轉順著W. 1st St走兩個街區S. Olive St與S. Grand Ave，就在左前方；公車 37、70、71、76、96、378，DASH A、B；開車FW101、110
http www.laphil.com
📷 幾乎每天都有免費導覽行程，全程約1小時
MAP P.47

穿梭音樂廳外圍別有洞天

設計師贈給莉莉安她最愛的蓮花

　　造型獨特搶眼的迪士尼音樂廳，是「洛杉磯愛樂」(LA Philharmonic)的家，也是洛杉磯音樂中心的第四座建築物(另外3座為附近的Dorothy Chandler Pavilion、Ahmanson Theater與Mark Taper Forum)。出自加拿大解構主義建築大師、普立茲克建築獎(Pritzker Architecture Prize)得主蓋瑞(Frank Gehry)之手(西班牙古根漢美術館也是他的傑作)，起初由華特·迪士尼遺孀莉莉安(Lillian Disney)捐款$5,000萬美元委託設計，沒想到最後竟用16年時間、花了2億7,400萬美元才建成，是洛杉磯有史以來最昂貴的音樂廳。

　　蓋瑞用1萬2,500片不鏽鋼薄板作建築本體，外型簡約、抽象且充滿流動性，內部空間明亮通透，牆面

前衛建築在洛杉磯毫無違和感，金屬鋼板在豔陽下更顯奪目

薯條風琴被譽為音樂界建築傑作

知識充電站

為何音樂廳外觀的顏色不一呢？

音樂廳外觀有些鋼板顏色不一，那是因為在2003年落成後不久，就遭投訴這些鋼板像大片鏡子，將炙熱陽光反射到附近公寓，也有路人和駕駛人被突如其來的光束刺得睜不開眼睛，甚至還有工程三角錐被照到融化、垃圾桶自焚的意外，實際測量溫度竟高達60℃，因此只能將容易肇事的鋼板做噴砂處理，之後也就沒有再傳意外。

常有國際頂尖音樂家獲邀演出

洛杉磯音樂中心的4座建築物都集中在附近

全為暖色系的道格拉斯杉木，無論坐在主廳2,265席的哪個位置，都能得到同樣清晰的極致聽覺享受。舞台中央的巨型德國製木管風琴，由6,125支彎曲音管產生共鳴，由於其中有100多根音管較為巨大，遠看就像薯條，讓它又有「薯條風琴」的逗趣小名。

活躍百年的傳統市集新風貌
洛杉磯中央市場
Grand Central Market

✉ 317 S. Broadway, Los Angeles, CA 90013
☎ +1 (213)624-2378
🕐 週日～三08:00～18:00，週四～六08:00～21:00
💲 免費
➡ 同P.51布萊德布利大樓
http www.grandcentralmarket.com
MAP P.47

各式蔬果新鮮又便宜

高樓群中的露天用餐區很有氣氛

　　始創於1917年的中央市場，有90多個熟食、生鮮蔬果、奶蛋乳酪、甜點零食等攤位，因為便宜、方便、選擇多，過去是附近上班族就近用餐與採買雜貨的地方，隨著內部硬體翻新，外圍治安改善，吸引越來越多時尚、潮流的餐飲攤商入駐，讓中央市場煥然一新，重新找回昔日熱鬧風光，成了到洛市中心觀光的必訪景點之一，美食選擇依然多又便宜，在裡面找間喜歡的料理打打牙祭也別有樂趣。

洛杉磯難得一見的半露天市集景象

53

哈利波特世界才會出現的書店
最後的書店
The Last Bookstore

✉ 453 S. Spring St., Los Angeles, CA 90013
📞 +1 (213)488-0599
🕐 週一～四10:00～22:00，週五～六10:00～
23:00，週日10:00～21:00
💲 免費
➡ 地鐵紅線、紫線到Pershing Square站，往東
走1個街區過S. Broadway，繼續直走就在左
手邊；公車2、4、18、40、45、55、83、720、
733或DASH D；開車FW101、110
🌐 www.lastbookstorela.com
⁉ 有些二手書只要$1
🗺 P.47

所謂的別有洞天就是這個意思

　　覺得逛書店很無趣的人，這裡
絕對顛覆你的想像！這間加州最
大的書店約有25萬多本書，放置在
2萬平方英呎的挑高兩層樓空間，
既賣新書也賣二手書，還有上萬張
經典黑膠唱片，細細翻閱說不定
能挖到寶；除了豐富藏書，最具賣
點的其實是內部擺飾，店主發揮創
意，將死板的書本注入生命，讓書
與書之間透過位置、色系彷彿有
了連結，書裡的字母似乎也跳躍出
來，充斥在復古昏黃的空間。每次
到這，總讓我有股奇妙的微醺感，
開心地徘徊流連在書店裡一整個
下午，才依依不捨地離開。

書櫃隨性放置，難怪2樓被稱為迷宮(Labyrinth)

↑書本堆起來的隧道有奇妙的科幻感

↓1樓是新書與唱片區，2樓是舊書區

方尖碑頂端金色火炬為求知之火

館外有座小公園，環境清幽

全球最美25座公立圖書館之一
洛市中央圖書館
LA Central Library

✉ 630 W. 5th St., Los Angeles, CA 90071

☎ +1 (213)228-7000

🕐 週一～四10:00～20:00，週五～六09:30～
17:30，週日13:00～17:00

💲 免費

➡ 地鐵紅線、紫線到Pershing Square站，往南
走半個街區到W. 5th St右轉，走兩個街區到
S. Olive St與S. Grand Ave，就在左前方；公
車16、18、53、55、62、460，DASH B；開車
FW101、110

http www.lapl.org

MAP P.47

　　藏書600多萬本，是全美第三
大公立圖書館。古典建築融合古
埃及與地中海復興風格，東翼上
下的各4層樓全部打通，屋頂全透
明天窗引進大量自然光，氣勢非
凡；牆上壁畫描繪加州歷史，穹
頂式天花板精緻繁複，不借書光
參觀也值得走一趟。

光束注入挑高8層，
氣勢磅礡

旅行小抄

順遊千禧巴爾的摩酒店

圖書館旁有座絕美的千禧巴爾的摩酒
店(Millennium Biltmore Hotel LA)，
挑高大廳金碧輝煌，畫工精緻的天花
板壁畫，散發香氣的橡木牆壁，與華
麗奪目的大理石噴泉和水晶燈，盡顯
奢華古典宮廷氣息。

百年壁畫與天花板仍保存完好

壁畫、燈飾同樣出自梵蒂岡設計師之手

復古感十足的美西交通樞紐
洛杉磯聯合車站
LA Union Station

關閉的餐廳區偶有現場表演

✉ 800 N. Alameda St., Los Angeles, CA 90012
☎ +1 (213)683-6729
🄲 全年開放
$ 免費
➡ 洛杉磯大眾運輸系統總站；開車FW101、110、5
http www.amtrak.com(有中文版)
⁉ 站內有中文服務
MAP P.47

　　車站主體雖曾翻修，但仍維持1939年啟用時的模樣，大廳挑高寬敞，地板鋪著大理石與陶瓦地磚，座位是濃濃復古氣息的木製皮椅；候車大廳兩旁有美麗花園，目前有2座月台、6條鐵軌正進行改建，以因應加州高鐵之用。

在這等車感覺像回到50年代

知 識 充 電 站

熱門影視作品拍攝場景

將聯合車站作為拍攝場景的電影不下50部，更遑論不勝枚舉的電視影集與歌手MV，最有名的像是《珍珠港》(Pearl Harbor)、《蝙蝠俠黑暗騎士：黎明升起》(The Dark Knight Rises)與熱門影集《24》、《犯罪心理》(Criminal Minds)等，有時可能巧遇拍攝團隊正在取景，更多時候則會有高水準的樂團在候車大廳內表演，我想這也算是娛樂之都洛杉磯聯合車站特有的旅客福利吧！

外觀似西班牙修道院的車站

每天6萬名乘客穿梭於此，屋頂結構看似木頭，其實為鋼梁建材

道奇熱狗(Dodger Dog)

玩家交流

　　看球必吃的道奇熱狗，分蒸、烤2種，每年賽季可以賣出200萬份以上；另外還有「吃到飽位置」(All-you-can-eat seats, AYCE)，菜單包括道奇熱狗、墨西哥玉米片(Nachos)、爆米花、花生、無酒精飲料和礦泉水，雖然票價比同區一般座位略高，但單買食物也不便宜，可以自行斟酌食量參考。對了，美國熱狗多為牛肉，不吃牛的要先問清楚！

美國職棒大聯盟第三老球場

道奇棒球場
Dodger Stadium

✉ 1000 Elysian Park Ave., Los Angeles, CA 90012
☎ +1 (323)224-1507
🕐 依比賽場次而異
💲 依比賽場次而異
➡ 需開車，FW101、5
http www.dodgers.com
♿ 有許多階梯和坡地
MAP P.47

台灣旅美棒球好手胡金龍

　　這是全美座位最多的棒球場，共56,000席，球場位在小丘陵頂端，座位分3種顏色，藍色代表藍天，橘紅色是夕陽，土黃色則是大地；非賽季有球場巡禮(Stadium Tour)，隨專人導覽了解球場故事，並進入球員休息室、名人堂、記者室，甚至站到球場上拍照留念。

棒球國民美食：熱狗、薯片、冰可樂→

停車場環繞球場，要記好位置

停車場可看到絕美洛杉磯夜景

半室內區視野佳又免遭豔陽毒曬

站在道奇球場上連線畢生難忘

57

日本風味的特色街區
小東京
Little Tokyo

✉ N. Alameda St.的1街～3街範圍
☎ +1 (213)617-1900
🕐 各店家不一，約11:00～21:00
💲 $15～$30
➡ 地鐵金線Little Tokyo/Arts District站；公車DASH A；開車FW101
🌐 www.littletokyola.org
🗺 P.47

壽司師傅經驗都很老到

濃濃日本風的街道

　　到處都有中國城，可是全美只有3座日本城，而且都在加州，分別在北加舊金山(San Francisco)、聖荷西(San Jose)與南加洛杉磯。建築樣式與街景布置可感受到濃濃的東瀛風，在這裡能吃到壽司、拉麵、生魚片等等日本美食，每年

4月櫻花盛開時，還會舉行櫻花季慶典(Cherry Blossom Festival)，將日本傳統茶道、花道、服飾、歌舞與技藝一次展現，加上香氣四溢的整排日式小吃攤販，相當熱鬧。

很多賣日式商品的店家

加州的春櫻綻放得粉嫩燦爛

紅色木製鐘樓其實是傳統防火塔

Downtown LA

K-Town的韓國文化

韓國人的團結在K-Town顯露無遺，除了放眼皆韓文，招呼顧客的不論是韓國大媽還是帥氣歐巴，態度根本天壤之別，非韓國人去吃飯，服務態度通常是有溝通就好，但對自己人卻笑臉迎人，外加送上隱藏版菜單，只怪自己看韓劇不認真學韓文啊！

享受韓式夜生活與可口美食

韓國城
Korea Town、K-Town

- 📮 東S. Vermont Ave～西Western Ave，北W. 3rd St～南W. Olympic Blvd圍起來的區域
- 🄫 各店家不一，約11:00～翌日02:00
- 💲 約$20～$40
- ➡ 地鐵紫線Wilshire/Western站，Wilshire/Normandie站或Wilshire/Vermont 站；公車18、20、66、206、481；開車FW10、101、110
- 🄜🄐🄟 P.46

韓國城其實腹地蠻大的

跟亞洲比起來，美國基本上沒有夜生活可言，不過韓國城算是一大例外，這區夜生活相當精采，24小時營業的餐廳、茶店、桑拿、卡拉OK比比皆是，尤其香氣四溢的韓國烤肉店更是饕客朝聖之地，還有泡菜、豆腐鍋等韓式料理，上百間選擇不論吃到飽還是單點，都讓人一吃就念念不忘。對與陌生人共浴不會感到害羞的人，可以挑選一家桑拿店，花約$15～$30入場費，就能享受道地韓式汗蒸幕，泡澡兼SPA，餓了還有現場供應的韓國料理，據去過的朋友都說，只要不怕脫光光走來走去會害臊，這裡消費CP值相當高呢！

←幾乎洛杉磯的韓國人都住韓國城

每種韓國料理都價廉味美

物超所值又好消磨時間的桑拿店

旅行小抄

夜晚出遊多注意安全

此區為洛杉磯人口密度最高的區，犯罪率也居高不下，1992年洛杉磯大暴動(P.17)就因為種族歧視問題從這爆發，如果遇上警察正在執法，不要好奇圍觀，盡速離開！

歐風建築與醉人美景的夢幻校園
南加州大學
南加大USC、University of Southern California

- ✉ USC, Los Angeles, CA 90089
- ☎ +1 (213)740-2311
- ⊙ 全年開放
- 💲 免費
- ➡ 地鐵Expo線Expo Park/USC站；公車35、81、102、200，DASH F；開車FW10、110
- 🌐 www.usc.edu
- ⁉ 校園外圍是治安紅燈區，南加大雖已與洛市警局(LAPD)密切合作，進行24小時校園內外巡邏服務，仍難免有意外發生，我就採訪過2起南加大學生遭槍殺案，因此為了自身安全，天黑後避免在外逗留
- 🗺 P.46

隨手取景都很美的校園

全美頂尖的電影學院

建校於1880年的南加州大學(USC)，是加州第一所私立大學，也因此早期校友多為經濟狀況較富裕的企業家或各領域的佼佼者，才有能力和資格進入USC，延續至今學費依舊「貴鬆鬆」，而且還是「全世界億萬富翁校友人數」第四多的學校(前3為賓州、哈佛與耶魯大學)，但可別以為有錢就能念，USC的學術表現每年平均維持在全美大學排名20上下，部分系所更是該領域全美頂尖，像我的母系安娜堡傳播新聞學院(Annenberg School for Communication & Journalism)就排名全美傳播學院第一名，電影學院也是全美第一，還有會計學院第四、公共政策第七、工學院和商學院都排第九，顯見沒有足夠實力還真進不了USC。

精神象徵特洛伊人(Tommy Trojan)

廢棄工業區變身時尚新鮮地
藝術區
Arts District

✉ Arts District, Los Angeles, CA 90012
☏ +1 (213)327-0979
🕐 各店不一
💲 各店不一
➡ 地鐵金線到小東京站下車；公車62；開車
　FW101、FW110、FW10、FW5、FW60
🌐 www. artsdistrictla.org
🗺 P.47

Hauser & Wirth的展覽

　　曾經是洛杉磯市中心東部地區的廢棄工業區，這幾年搖身一變成了聚集時尚、藝術及潮店的特區，成為了Instagram網紅的朝聖地，無論是街頭塗鴉還是畫廊，或是各種時裝和高檔餐廳，這個地區如今代表了洛城獨特的活力與魅力。不少看似非常平凡的建築，走近一看竟充滿了生機。然而，這裡的精品小店價格不菲，基本都在$300以上，餐廳的價位更是在中高位。

天使之城啤酒廠已經成為藝術區標誌之一

街頭的精品店和咖啡店

美西最大、完整暴龍化石坐鎮
洛縣自然歷史博物館
Natural History Museum of LAC

✉ 900 Exposition Blvd., Los Angeles, CA 90007
📞 +1 (213)763-3466
🕐 每天09:30～17:00
💲 $12
➡ 地鐵Expo線Expo Park/USC站；公車102、204、550，DASH F；開車FW110
http www.nhm.org
MAP P.46

館內有300多具恐龍化石為真品

　　自1913年開館以來，已收藏近3,500萬種生物標本或樣品，涵蓋時間達45億年，主展館為恐龍化石館，其中300多具化石為真品，館中央暴龍與三角龍搏鬥場景雖然只是化石，仍能感受無比氣勢；另外

館內有全球設備最完善的恐龍研究室

還有長毛象館、非洲哺乳動物館、戶外的洛杉磯野生動物館等，都值得一看。

旅行小抄

順遊玫瑰花園、洛杉磯紀念體育館

博物館旁的博覽公園內有一座玫瑰花園(Rose Garden)，盛開時花團錦簇，有上百個品種的月季、玫瑰與薔薇，色彩繽紛、相當美麗；一旁的洛杉磯紀念體育館(LA Memorial Coliseum)，則是1932年和1984年兩屆奧運會主場，也曾在1967年與1973年主辦美式足球超級盃(NFL Super

玫瑰花園有著上百種燦爛綻放的薔薇科植物

Bowl)決賽，由洛杉磯主辦的2015年夏季特殊奧運會(Special Olympics World Summer Games)也在此登場。

有來自全球165個國家和地區的6,500名運動員在此出席第十四屆特奧會

現為南加大(USC)美式足球主場館

奮進號太空梭抵達洛杉磯

當初奮進號抵達洛杉磯時，造成全市莫大轟動，我也參與採訪全紀錄，看到太空梭從頭頂飛過，又在大街上緩緩前進，全市出動多少人力、耗費多大工程，只為了共同完成一項目標，真有人類科技如此偉大和自己竟是如此渺小的感觸！如果你也對奮進號運往加州科學中心過程有興趣，這有洛杉磯時報(LA Times)製作的全紀錄。

http www.youtube.com/watch?v=JdqZyACCYZc

玩家交流

洛杉磯市中心——熱門景點

洛縣自然歷史博物館・加州科學中心

寓教於樂的親子朝聖地
加州科學中心
CA Science Center

✉ 700 Exposition Park Dr., Los Angeles, CA 90037
☎ +1 (323)724-3623
◎ 每天10:00～17:00
💲 免費，特展另計
➡ 地鐵Expo線Expo Park/USC站；公車40、81、102、200、550，DASH F；開車FW110
http www.californiasciencecenter.org
MAP P.46

想近距離看太空梭嗎？2012年底，已經執行25次任務的太空梭奮進號(Space Shuttle Endeavour)退役後，就停到這裡作永久展示，遊客可以看到太空梭本體，還有太空人所用的器材設備、生活用品、奮進號歷屆任務解說，甚至還能坐進模擬器，體驗發射太空梭和進入太空站的感受，機會相當難得。

寓教於樂的好地方

親手觸摸或操作，更增學習效果

太空中的一切都讓人好奇

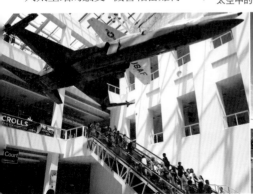

共4層樓，分4大主要展區

從此洛杉磯就是奮進號永遠的家

63

逛街購物

♥ 充滿濃濃墨西哥風情的老街

奧維拉老街
Olvera Street

✉ 845 N. Alameda St., Los Angeles, CA 90012
🕐 週一～五10:00～20:00，週末10:00～22:00
➡ 同P.56洛杉磯聯合車站
http www.olvera-street.com
🚫 許多攤商禁止拍照
MAP P.47

琳瑯滿目的墨西哥風情小物

這裡有很多知名排隊的墨西哥餐廳

　　走進老街會讓人有置身墨西哥的錯覺！短短不到200公尺的老街，左右全是商鋪與餐廳，中間攤販緊挨著，將老街自然分成2個方向(就像台灣夜市)，販售商品琳瑯滿目，色彩鮮豔的墨西哥帽、華麗的傳統服飾，以及各式木雕、樂器、手工藝品等，逛起來別有樂趣，認真尋寶還能找到不少有意思的特色紀念品。

很有味道的墨西哥老街

知 識 充 電 站

加州最古老的房子——艾維拉泥磚屋(Avila Adobe)

在奧維拉老街窄巷內的艾維拉泥磚屋建於1818年，是加州現存最古老的房子，免費開放入內參觀，大約花個15分鐘走一圈，可以看到早期洛杉磯居民的家庭生活環境、使用器具和一些具歷史價值的照片與文獻記載，是個我自己覺得比想像中有趣的參觀景點。

Downtown LA

洛市的華埠(Chinatown)

玩家交流

奧維拉老街旁就是華埠,說真的相較其他城市的華埠,這裡略顯落寞,商品雖便宜但品質還好,有些人會在中午時間來這吃港式飲茶或燒雞燒鴨飯,算是便宜又大碗,不過除非時間充裕,不然我會省下這個景點。**MAP** P.47

特色餐飲

💜 堅持質感,是咖啡界的「Apple」

Blue Bottle Coffee

✉ 582 Mateo St., Los Angeles, CA 90013
📞 +1 (213)621-4194
🕐 每天07:00〜18:00
💲 咖啡$3起
🚌 公車18;開車FW10
🌐 www.handsomecoffee.com
MAP P.47

發源於舊金山,以極其講究的咖啡沖調工藝著名,咖啡豆烘焙時間不超過48小時,喝起來溫潤順口,每杯咖啡都用手工過濾沖泡,另外也有虹吸式咖啡機,和每次要花16小時的冷滴式咖啡機,店家下重本投資設備,唯一訴求就是提供消費者最新鮮的咖啡。創辦人James Freeman對咖啡有股狂熱,從專注單一產地的有機咖啡豆、炒豆方式、店內環境布置,一直到沖調上桌,每個環節都格外

↓每杯咖啡都是獨立製作,好口味值得等待

文青雅痞的新熱門據點

設計清新的周邊商品

注意,我不是咖啡專家,但我每次都能感受到這的確是一杯兼具口感與品質的好咖啡。

↓也有賣新鮮有機咖啡豆

↑每杯咖啡都是現點才現磨咖啡豆製作,好喝到讓我都忘記拍美美的拉花了

💛 法式優雅甜點、義式風情料理

Bottega Louie

✉ 700 S. Grand Ave., Los Angeles, CA 90017
☎ +1 (213)802-1470
🕐 平日06:30～23:00，週末08:00～23:00
💲 用餐約$20～$30
➡ 地鐵紫、紅、藍、Expo線7th St/Metro Center
站；公車20、51、60、70，DASH Downtown
B、E；開車FW110
http www.bottegalouie.com
❓ 週末早午餐建議先訂位
MAP P.47

大片櫥窗裡按時節換裝的繽紛馬卡龍塔，讓它輕易成為洛市中心的金字招牌餐廳。店內明亮寬闊，整排色彩鮮豔的馬卡龍，和作工精緻、根本捨不得吃下肚的美麗甜點，女孩絕對抗拒不了；一旁挑高明亮的用餐空間裡，飄散著義大利

小巧繽紛的馬卡龍，是我心頭最愛

美食香氣，料理評價頗高，挑自己喜歡吃的就對了。

精緻華麗的甜點簡直就像藝術品

歡笑聲總是充滿用餐區

開放式廚房乾淨看得見美味

風靡首爾的八味豬韓國烤肉
Eight Korean BBQ

✉ 863 S. Western Ave., Los Angeles, CA 90005
📞 +1 (213)365-1750
🕐 週一～六11:00～24:00，週日11:00～23:00
💲 約$25～$40
➡ 公車207；開車FW10
http www.eightkoreanbbq.com
❓ 台灣雖然也有，但口味道地與美味更勝一籌
MAP P.46

難得以豬肉為主的韓國烤肉店

店家用紅酒、原味、人蔘、大蒜、香料、咖哩、味噌與辣椒，醃製成8種口味的豬五花肉，徹底吸附醬汁後捲起來等待燒烤，為了講究完美熟度和照順序品嘗美味，會有專人負責烤肉，顧客只要聊天喝酒，看著烤盤上的豬五花滋滋作響，等香氣飄散出來後，就能開動啦！

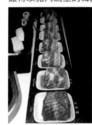

▲海鮮鍋分量十足、湯頭鮮甜

◀彩虹般的豬五花肉看來秀色可餐

另外還有豐盛的海鮮火鍋，吃完後服務生會用湯底炒飯，就讓海鮮鍋巴飯畫下完美句點吧！

最正統的日本涮涮鍋
Shabu-Shabu House

✉ 127 Japanese Village Plaza Mall, Los Angeles, CA 90012
📞 +1 (213)680-3890
🕐 週二～五17:30～21:30，週末17:00～21:30，週一公休
💲 $11.25起
➡ 同P.58小東京
http www.shabushabuhouse.menutoeat.com
❓ 店內用餐禁止講手機
MAP P.47

不分晴雨都高朋滿座

全美第一家日式涮涮鍋丸山Shabu-Shabu House，就開在洛市中心的小東京區，店面不大也不太起眼，但門前永遠大排長龍；其實湯頭非常簡單，就是開水加昆布，卻能吃出肉的鮮甜，難怪價格偏高仍一位難求！

▶油花分布均勻的上選肉片

♥ 讓人驚豔的古巴三明治

Don Francisco's Coffee Casa Cubana

✉ 541 S Spring St，Unit 124，Los Angeles, CA 90013
☎ +1 (213)537-0323
🕐 每天07:00～16:00
💲 咖啡$3以上、三明治$9.5以上
➡ 公車62、173、460；開車FW101、FW110、FW10、FW60
http www.dfcasacubana.com
MAP P.47

　　Don Francisco最有名的就是古巴三明治，大概是因為電影《五星主廚快餐車》(Chef)的影響，在佛羅里達非常受歡迎的古巴三明治，現在也流行到了洛杉磯。

　　這個看似普通的三明治其實口感很令人驚豔，古巴麵包、豬肉、火腿、醃菜、奶酪，以及芥末醬全放到一起，再經過熱壓之後，就成了香酥可口的三明治，一般還會配上炸香蕉片。這家店的咖啡也是特別的古巴口味，泡沫豐富、口味香濃，難怪能在Yelp上擁有4.5星的好評。

位於一家室內商鋪裡，有一點不好找

店內很多復古裝飾物，很喜歡這裡的裝飾風格

古巴三明治看似普通，口感卻令人驚豔

打包帶走的盒子和袋子

餐廳內的小市場

食材新鮮，分量也很大

清爽美味的沙拉

♥ **好吃又健康的時尚餐廳**

Zinc Café & Market

- ✉ 580 Mateo St，Los Angeles, CA 90013
- ☎ +1 (323)825-5381
- ⏰ 週日～三08:00～22:00，週二～六08:00～24:00
- 💲 咖啡$3以上、三明治$9.5以上
- ➡ 公車62；開車FW101、FW110、FW10、FW5、FW60
- 🌐 www.zinccafe.com
- 📍 P.46

在洛城旅遊，若已吃膩了薯條漢堡，想要來點清淡食品的人，可以試試這家餐廳。位於最潮的藝術區，提供好吃又健康的沙拉，可以直接在前台點餐，也可以到沙拉吧打包帶走。不少素食者都會來這家餐廳，因為食材新鮮，多為有機食品。

一份Healthy Bowl裡的「貨」可真不少，蘑菇、腰果、玉米、紅薯、黃瓜、芝麻菜……等，加上現在健康人士都推薦的，富含蛋白質的穀物藜麥，並用檸檬、橄欖油及哈里薩辣醬(Harissa Chili Sauce)調拌，再放上一顆水煮蛋，溫度適切，又增加層次感，一定不會讓你失望。

沙拉吧很誘人

好萊塢區
HOLLYWOOD

著名印象

好萊塢暨高地中心

星光大道

杜比劇院與觀光巴士

卡尼的火車廂餐廳

奧斯卡小金人

好萊塢區——概況導覽

《麻雀變鳳凰》(Pretty Woman)有段經典台詞說：「只要抱持夢想，沒有什麼事在好萊塢不可能發生。」(This is Hollywood. Always time to dream, so keep on dreaming.)。自20世紀初，電影公司陸續從紐約和紐澤西遷往洛杉磯後，當今電影工業已經與好萊塢畫上等號；而好萊塢占地雖然小，從各地湧入想要一圓明星夢的人數，卻讓好萊塢人口稠密度達到洛杉磯88座城市中的第七高，足可見其重要性！

好萊塢
大字標誌

環球影城

TCL
中國戲院

杜莎夫人
蠟像館

行家才知道

好萊塢大字標誌的由來

好萊塢的大字標誌，最初建於1923年，地產大亨惠特利提議搭建巨型看板，吸引人們來此購買「物美價廉的房地產」，於是搭起HOLLYWOODLAND大字，並裝上4,000顆燈泡，打上探照燈，讓標誌格外引人注目；1949年，好萊塢商會整修標誌，去掉LAND；1978年，《花花公子》(Playboy)雜誌創辦人海夫納(Hugh Hefner)發起募捐團協助修建，才有了現在全新的、更加耐用的鋼材結構好萊塢標誌。

好萊塢區地圖

Universal Studios Hollywood
好萊塢環球城

Universal CityWalk
城市漫步

Hollywood Sign
好萊塢標誌

Universal Hilton Hotel
環球影城希爾頓酒店

Lake Hollywood Park
好萊塢湖公園

West Hollywood／
Halloween Carnaval
西好萊塢／萬聖節嘉年華

Hollywood Bowl
好萊塢露天劇場

Chateau Marmont

The Magic Castle
魔術城堡

好萊塢市中心
地圖(P.72下)

Franklin Ave.

Carney's Restaurant

Hollywood Blvd.

Sunset Blvd.

W Hollywood

Hollywood／
Western

Sunset Strip
日落大道

Fountain Ave.

The London Hotel

West
Hollywood
西好萊塢

Santa Monica Blvd.

Laurel Hardware

Hollywood
好萊塢

Urth Caffé

N. La Cienega Blvd.

N. Fairfax Ave.

N. La Brea Ave.

Highland Ave.

Vine St.

N. Western Ave.

好萊塢市中心地圖

The Magic Castle
魔術城堡

N Sycamore Ave.

Franklin Ave.

Franklin Pl.

N Orchid Ave.

Orchid Ave.

Hillcrest Rd.

Highland Ave.

奧斯卡小金人雕像
(本區很多紀念品店都有)

Yucca St.

Dolby Theatre
杜比劇院

LOEWS

Guinness World
Records Museum
金氏世界紀錄博物館

Hollywood & Highland Center
好萊塢暨高地中心

California Pizza
Kitchen
加州披薩廚房

TCL Chinese Theatre
TCL中國戲院

SWEET!

Victoria's Secret
維多莉亞的祕密

Starbucks
星巴克

SEPHORA

Hollywood/
Highland Station

Pig 'N Whistle
豬與哨子美式餐廳

Star of Ali
拳王阿里星星

N McCadden Pl.

Marshalls
折扣連鎖店

Hollywood Blvd.

The Hollywood
Chamber of
Commerce
好萊塢商會

ZARA

The Hollywood
Museum
好萊塢博物館

El Capitan Theatre
埃爾卡皮坦劇院

N Orange Dr.

Disney Store
迪士尼商店

Highland Ave.

Ripley's Believe
It or Not
雷普利信不信
由你博物館

Madame
Tussauds
杜莎夫人蠟像館

Hawthorn Ave.

Hollywood Walk of Fame
好萊塢星光大道

Michael Jackson
Memorial
麥克傑克森紀念公園

N McCadden Pl.

Starline Tours
好萊塢觀光巴士

熱門景點

全球知名度最高的巨型標誌

好萊塢
暨高地中心
Hollywood & Highland Center

✉ 6801 Hollywood Blvd., Los Angeles, CA 90028
☎ +1 (323)817-0200
🕐 週一～六10:00～22:00，週日11:00～19:00
🚇 地鐵紅線Hollywood/Highland站；公車213、217、780，DASH Hollywood線；開車FW101
🌐 www.hollywoodandhighland.com
❓ 在此用餐或購物可享停車優惠
🗺 P.72下

這裡3樓是最佳拍HOLLYWOOD大字標誌的地點

常有歌手在此舉辦演唱會

這座集合購物、美食、娛樂的大型綜合商場，就位在好萊塢鬧區中心點，商場中央有座噴水池廣場，高高聳立的巨型白色大象石雕相當吸睛，想拍赫赫有名的HOLLYWOOD大字標誌，最佳位置就在刻有埃及圖騰的白色城門式建築；晚上8點後店家雖然陸續休息，但七彩繽紛的招牌仍會亮著直到午夜，頗有另一番華燈初上的好萊塢風情。

入夜依然熱鬧美麗的購物廣場

近距離接觸HOLLYWOOD

好萊塢湖公園
Lake Hollywood Park

✉ 3204 Canyon Lake Dr., Los Angeles, CA 90068
🗺 P.72上

覺得遠觀山上的HOLLYWOOD標誌不過癮嗎？如果你跟我一樣喜歡玩得更深入，建議開車到鄰近的好萊塢湖公園，就可以取得更近距離拍攝角度，腳程好的還能循登山路徑步行上山，一路走到標誌後方，不過千萬別試圖爬上去，因為這是違法行為，除了會被警方逮捕，還可能登上當地各大新聞頭條！

在這裡拍夠近了吧

入口很小，裡面卻別有洞天

紅色金粉樓梯很有星光熠熠感

奧斯卡前夕封街，僅工作人員進出

奧斯卡金像獎舉辦地
杜比劇院
Dolby Theatre

✉ 6801 Hollywood Blvd., Los Angeles, CA 90028
☎ +1 (323)308-6300
🕐 依表演場次而異；導覽行程每天10:30～16:00，每半小時一團，遇演出暫停
💲 依表演場次而異；導覽行程每人$19
➡ 同P.73好萊塢暨高地中心
🌐 www.dolbytheatre.com
⁉ 導覽行程現場購票即可，行程中間禁止拍照
🗺 P.72下

　　這裡原本是柯達劇院(Kodak Theatre)，專為奧斯卡頒獎典禮(The Academy Awards or The Oscars)而設計，自2001年11月啟用以來，每年奧斯卡都在此登場。內部可容納3,400名觀眾，設有全美最大舞台，聲光與音控效果皆達頂級水準，後台媒體室更大到可容納1,500名記者；入口柱子上有自1928年以來所有奧斯卡最佳影片(Best Picture)得獎電影，還有空位留給未來得主，可一直到2071年。劇院原本由柯達公司贊助$7,500萬建成，結果柯達在2012年宣布破產，由杜比取得20年冠名權，音響也全面升級。

旅行小抄

大力推薦劇院導覽行程
不論英文程度如何，我都大力推薦走一趟劇院導覽行程，因為在短短半小時裡，可以親身參訪一般只會出現在電視上的金碧輝煌超豪華劇院，貨真價實的奧斯卡小金人雕像，大明星等待頒獎前社交暖身的杜比交誼廳(Dolby Lounge)，和非請勿入的巨星休息室，詳閱歷屆頒獎典禮紀錄等等。相信我，走完一趟你會充分肯定，原來國際級水準的演出就是這樣誕生的啊！

參加導覽每人$19，禁止拍照喔

Hollywood

摸得到的2,500顆星星任你拍
好萊塢星光大道
Hollywood Walk of Fame

- ✉ 7018 Hollywood Blvd., Los Angeles, CA 90028
- ☎ +1 (323)469-8311
- ➡ 同P.73好萊塢暨高地中心
- http www.walkoffame.com
- MAP P.72下

綿延15個街區的星光大道上，每顆五角星都由鑲嵌黃銅邊的珊瑚粉水磨石製成，好萊塢商會(Hollywood Chamber of Commerce)每年從約200個星星提名者中選出20人，不過得主必須支付$3萬星星製造與裝設費，且需出席揭幕儀式，有些大明星如茱莉亞·羅伯茲(Julia Roberts)、喬治·克隆尼(George Clooney)、梅爾·吉勃遜(Mel Gibson)……，就因為不克出席、不想繳費或根本不願報名徵選等原因，而成為遺珠之憾。

追思天王麥可傑克森(Michael Jackson)

巧遇大明星的話記得搶拍照

這裡的街頭藝人水準都滿高的

旅行小抄

尋找你要的那顆星星

要在茫茫星海當中，找到自己想要的那顆星星，難度實在有點高，為了解決大多數遊客同樣的困擾與煩惱，好萊塢商會推出一款手機應用程式，只要下載免費的「Official Hollywood Walk of Fame」APP程式，輸入明星的名字，就能輕鬆找到特定星星，省時又方便。

OFFICIAL

知識充電站

唯一一顆鑲在牆上的星星

「星星」分電影、電視、音樂、廣播、戲劇5大類，有些多才多藝、影視多棲的明星甚至擁有2～5顆各類別星星，撞名的也大有人在，還有卡通人物或企業組織也擁有自己的星星。而當每顆星星都鋪在人行道上時，唯有1顆星星鑲嵌在牆上，就是3度奪下世界重量級拳擊大賽冠軍的拳王阿里(Muhammad Ali)，這是洛杉磯送給拳王阿里的60歲生日賀禮，它的位置就在杜比劇院建築物入口處的右側牆上，不仔細找，還真容易錯過這顆星星我認為最具特色的星星呢！

唯一鑲嵌在牆上的拳王阿里星星

杜莎夫人蠟像館
Madame Tussauds

✉ 6933 Hollywood Blvd., Los Angeles, CA 90028
☎ +1 (323)798-1670
🕐 每天10:00～不定，奧斯卡頒獎日休館
💲 $29.95
➡ 同P.73好萊塢暨高地中心
🌐 www.madametussauds.com
⁉ 上網購票常可找到超級特價優惠
🗺 P.72下

在耗資$5,500萬打造的3層樓蠟像館裡，有115尊仿真人蠟像，每尊造價約$30萬，都在倫敦製作完成才運來洛杉磯展示，雖然昂貴，但做工相當精緻，逼真到甚至分不清真假；遊客可以和蠟像貼身拍照，有些旁邊還放有道具，讓拍照更為有趣，其中武打巨星成龍是好萊塢館內唯一收藏的華人巨星蠟像。

小勞勃道尼(Robert Downey Jr.)

鋼鐵人(Iron Man)

旅行小抄

信不信由你博物館、金氏世界紀錄博物館

在蠟像館附近有兩間較老派的景點，其一是「信不信由你博物館」(Ripley's Believe It or Not)，展示上萬件世界各地搜羅而來的稀奇古怪物品。另一個是「金氏世界紀錄博物館」(Guinness World Records Museum)，收藏名列金氏世界紀錄的奇聞軼事，但我個人覺得除非時間很多，否則不太需要特別花錢入內參觀。

信不信由你博物館

栩栩如生的蠟像不能曬太陽，有時還會有真的明星躲在其中嚇人。左：茱莉亞·羅伯茲(Julia Roberts)；中：卡麥隆·迪亞茲(Cameron Diaz)；右：強尼·戴普(Johnny Depp)

我與星星的近距離接觸

玩家交流

老美舉行記者會通常相當大陣仗，尤其有名人或明星出現的場合，都採封街處理，我很幸運採訪過幾屆奧斯卡頒獎典禮，還有TCL中國戲院冠名典禮，以及星光大道星星新增典禮等，都能憑記者證在擠得水洩不通的現場，享受警察開路、暢行無阻的特殊禮遇，也感嘆權貴上流社會與我們老百姓果然活在不同世界！

平時也有放映當期上檔電影

花$13.5買票就能參加20分鐘導覽

最多國際巨星造訪的電影院

TCL中國戲院
TCL Chinese Theatre

✉ 6925 Hollywood Blvd., Los Angeles, CA 90028
📞 +1 (323)461-3331
🕐 依電影場次而異
💲 依電影時段而異
➡ 同P.73好萊塢暨高地中心
http www.tclchinesethetres.com
⁉ 若遇首映會活動一律暫停對外開放
MAP P.72下

自1927年啟用以來，中國戲院終於由中國人做主人了！全球前4大電視製造商之一的TCL集團，在2013年以$500萬購得中國戲院10年冠名權，Logo也改為由彩色手印拼貼成的中國戲院圖樣，充分呼應戲院廣場上的200多個名人手印與腳印，到這別忘了彎下身多拍幾張照，跟大明星們來個「心手相連」！

入夜打燈的中國戲院有種奇幻感

電影《暮光之城》(Twilight)主角們手腳印
人氣超旺

體驗電影特效的主題樂園
好萊塢環球影城
Universal Studios Hollywood

✉ 100 Universal City Plaza, Universal City, CA 91608

☎ +1 (800)864-8377

🕐 每日不一

💲 $95

➡ 地鐵紅線Universal/Studio City站，出站到對街搭乘免費接駁巴士，每15分鐘一班；開車FW101

🌐 www.universalstudioshollywood.com(有中文版)

❓ 建議先上網購票，有優惠也免排隊

🗺 P.72上

　　結合電影製片廠及遊樂設施的環球影城，起初是環球影業集團(NBCUniversal)提供遊客參觀真正的電影、電視攝影棚和場景所

小披薩和大洋蔥圈的奇妙組合

設立，發展至今成了每年600萬名遊客造訪的全球第十七大主題樂園；進園先拿當日節目表，並參考即時更新的遊樂設施排隊時間，免得發生玩了這個錯過那個的遺憾！

有些經典遊樂設施人氣歷久不衰

旅行小抄

中文導覽車&快速通關票

45分鐘的影城之旅(Studio Tour)，開始提供中文導覽專車，過去不懂英文只能鴨子聽雷的窘境結束囉！另外，環球影城有賣快速通關票(Front of Line Ticket)，票價多約1.6倍，但可以省下大把排隊時間玩到更多遊樂設施，就自己衡量是否購買吧！

世界曝光度第一的地球儀

你能認出幾個電影場景？

全球影迷摯愛的「哈利波特魔法世界」來啦！ 玩家交流

好萊塢區──熱門景點

走進這個景點，你就能理解為什麼它如此受歡迎了！這裡如同魔法般完全讓你置身於《哈利波特》電影場景之中，標誌性建築霍格沃茨城堡(Hogwarts Castle)中高聳的天花板和肅穆的迴廊，完全就是哈利波特迷夢想成真的地方！

活米村

你可以在活米村(Hogsmeade Village)一邊品嚐奶油啤酒，一邊使用魔法棒和咒語讓魔法實現；還可以在鷹馬的飛行(Flight of the Hippogriff)和哈利波特禁忌之旅(Harry Potter and the Forbidden Journey)乘坐雲霄飛車，這可是相當驚險刺激，成年人坐完也可能會有眩暈的感覺。晚上夜幕降臨時，觀看投射在霍格沃茨城堡上的燈光表演，如同身歷其境。

好萊塢環球影城

青蛙合唱團表演

霍格沃茨城堡

升級版侏羅紀世界

侏羅紀世界景點2019年8月正式開館，將從前侏羅紀公園的景點進行重新設計，給遊客帶來升級版的體驗。其實這個景點最大的變化在於室內和室外的景色交替，一開始你會進入一個大的水族館，在到了戶外空間之後旋即進入恐龍洞穴，最後來一個俯衝入水，浪花四濺。恐龍設計的逼真感以及和遊客之間的互動感更加充分，讓你玩得更盡興。提醒大家，一開始進入景點不久後，遊客就會被恐龍噴出的水花淋濕，身上若攜帶有不防水的物品，記得事先做好防護喔。

景點入口　　　　　　　　　　　　船進入景點之後，會看到一個大水族館

環球影城必玩推薦

旅行小抄

城市漫步(Universal CityWalk)

環球影城行人徒步區範圍涵蓋約3個街區,有30多間餐廳、30多家品牌商店、5間夜店與電影院;5,000多盞LED燈讓入夜後的CityWalk顯得格外璀璨奪目,漫步其中心情也特別愉悅,有時會舉辦高水準的小型露天演唱會,或遇見街頭藝人即興演出,是個充分感受純美式休閒社交氛圍的好去處!

http www.citywalkhollywood.com

HOLLYWOOD

侏羅紀世界
激流湧進

驚險刺激而且會全身濕濕

辛普森家庭

美國經典搞笑家庭卡通 (圖片提供／蕭郁馨)

影城之旅

影城導覽專車全程約半小時

玩命關頭

開幕式巨星雲集,採訪才有的福利喔

變形金剛3D雲霄飛車

運氣好會遇見變形金剛出動

神偷奶爸：小小兵惡作劇

無所不在的可愛小小兵

神鬼傳奇

歷久不衰的遊樂設施

水世界

爆炸場景相當逼真的劇場

金剛360度3D

3D 版的金剛遊戲更刺激有趣了

哈利波特魔法世界

哈利波特迷終於夢想成真

全世界最棒最神奇的同志之都
西好萊塢
West Hollywood

✉ 東N. La Brea Ave～西N. Doheny Dr，北 Sunset Blvd～南Beverly Blvd圍起來的區域
➡ 公車4、704、CityLine E. Bound、CityLine W. Bound，沿Santa Monica Blvd有多站可以下車；開車FW101
🔗 www.weho.org
❓ 有些頗負盛名的同志酒吧值得前往，但仍需注意自身安全
🗺 P.72上&下

到處都是歡迎同志的彩虹標誌

遊行時的熱鬧景象

西好萊塢居民不到35,000人，就有超過1/3的居民為女同志、男同志、雙性戀或變性人(Lesbian，Gay，Bisexual，Transgender，簡稱LGBT)，密度之高在全美名列前茅，市徽直接繪上象徵同志的彩虹圖樣，長期以來也積極為LGBT團體爭取應有權益，市府網站甚至提供「同性婚姻證婚服務」，明確展現全市對同性戀的高度接受，種種一切都讓西好萊塢成為南加州同志天堂！此外，這裡曾獲評為「加州最適合步行的城市」，絕大多數店家都聚集在日落大道(Sunset Strip)和梅爾若斯路(Melrose Ave)，想買不一樣的設計小物或服裝，來這就對了！

最適合步行閒逛的優雅氣氛

Hollywood

82

西好萊塢萬聖節嘉年華
(West Hollywood Halloween Carnaval)

好萊塢區——熱門景點

洛杉磯各種萬聖節活動我都參加過，其中最具可看性的，就屬全美規模最盛大的萬聖節街頭遊行活動——西好萊塢萬聖節嘉年華！每年萬聖節當晚，聖塔莫尼卡大道(Santa Monica Blvd.)會聚集將近50萬人，沒錯，短短1英里擠滿50萬人，更確切的說，除了各行各業、各國古裝人物之外，還有各式妖魔鬼怪、英雄公主、卡通人物、動物、植物、食物和機器人……什麼都有、什麼都不奇怪，每個人都精心裝扮，成為別人競相拍照的焦點，自己也到處跟人合影留念；沿街餐廳、酒吧會提供應景餐點，還有飄着香味的小吃攤，和每個路口臨時搭建的舞台，都讓嘉年華活動更為熱鬧、瘋狂無極限！

西好萊塢

變裝派對就是要一群朋友才好玩

再誇張的打扮都不奇怪

http www.visitwesthollywood.
com/halloween-carnaval

露天PUB讓遊行氣氛更High

這裡的店家從裝潢到商品都搶眼大膽

常有令人驚喜的祕密餐廳

旅行小抄

萬聖節活動治裝
想參加萬聖節活動，裝扮方面除了到實體店面直接挑選，其實更建議在網路預購，不但款式尺寸比較齊全，早買通常會有折扣，尤其萬聖節服裝幾乎不可能再穿第二次，花太多錢治裝實在不符合經濟效益！

實體店面：
http www.halloweenclub.com(可查詢最近地點)

推薦網路購買：
http www.spirithalloween.com
http www.halloweencostumes.com
http www.partycity.com

83

好萊塢觀光巴士Starline Tours

✉ 6925 Hollywood Blvd (TCL中國戲院前)
☎ +1 (800)959-3131
🕐 每日08:00～22:00
🌐 www.starlinetours.com
ℹ️ 路線、價位、時間與上車地點，各有不同套裝
行程方案，可當場決定或事先上網查詢
🗺 P.72下

熱門電影角色總不乏人裝扮

在洛杉磯路上常會看到載滿一看就是觀光客的雙層巴士，穿梭在熱門景點的大街小巷，雖然絕大多數當地人不曾搭過，但對停留時間有限的遊客來說，這倒是快速瀏覽洛杉磯的懶人包方式。

最熱門路線首推「大明星豪宅巡禮」(Movie Stars' Homes Tour)，巴士會經過湯姆·克魯斯(Tom Cruise)、珍妮佛·安妮斯頓(Jennifer Aniston)等40多位大明星的家，不過我覺得這路線純屬噱頭，因為你頂多看到少數幾棟豪宅外觀，大多則是一堵又一堵高牆，根本看不到房屋本身，更別指望大明星還站在門口跟你說Hi。

另一條新開發的「洛杉磯電影

進擊的巨人應該中暑了

經典款紅色雙層巴士

場景巡禮」(LA Movie Locations Tour)還實際一點，在3小時車程裡會開往50多個曾經出現在熱門電影中的經典地標，像是蝙蝠俠系列的《黑暗騎士：黎明昇起》(The Dark Knight Rises)、《變形金剛》(Transformers)、《鋼鐵人3》(Iron Man 3)、《偷天換日》(The Italian Job)……，遊客只要透過隨車導遊風趣幽默的介紹，與車上大螢幕同步播放的電影片段提醒，就能輕鬆認出100多幕

小朋友看到電影人物都很High

電影場景；此外還能下車進入布萊德布利大樓(P.51)與洛杉磯聯合車站(P.56)內部參觀，算是物超所值的遊覽行程。

上網買票常有特價

知識充電站

街頭演出的小費文化

好萊塢大道上有許多角色扮演的街頭藝人，不論單拍或上前合影，請記得要付小費(至少$1紙鈔)，算是對街頭藝人辛苦裝扮的尊重；但偶爾也會出現遊客反遭強討小費的不愉快狀況，過去就曾發生蜘蛛人、蝙蝠俠、甚至海綿寶寶被洛市警察(LAPD)以強索小費、阻街等罪名，戴上手銬強行逮捕的戲劇性畫面呢！

世上最奇特的私人俱樂部

魔術城堡 The Magic Castle

✉ 7001 Franklin Ave., Los Angeles, CA 90028
☎ +1 (323)851-3313
🌐 www.magiccastle.com
🗺 P.72上&下

外觀很不起眼的魔術城堡飯店

參觀好萊塢有個特色,不是完全免費對外開放,就是要付出一定代價才能享有的特殊體驗,甚至還有必須靠關係才能進入的景點,像是好萊塢後山有座看起來像城堡的維多利亞式莊園,名為「魔術城堡」,只有通過嚴格認證的魔術師或魔術愛好者才有資格成為會員,其餘的人除非獲得會員邀請,否則無緣入內,全球會員不到5,000人,我很幸運曾經獲邀,所以就來分享一下。

首先服裝規定極為要求,必須盛裝打扮、穿著得體,車子也一律交由代客泊車小弟服務,完全比照出席盛會規格。進門後要出示會員證或邀請卡,再三確認身分後,就要自己找到祕密入口,唸出通關密語,門才會開啟。城堡裡分許多廳堂,各有魔術師在做表演,從互動式貼身魔術,近距離小型魔術,到舞台上的華麗魔術統統都有,賓客自己決定要看哪齣,而能在這表演的魔術師都是箇中佼佼者,精采程度讓我們每個人都度過超魔幻的一晚。

城堡內也有用餐區,但座位有限,也只有會員和貴賓有機會品嘗貴族般的饗宴!如果此生無緣進入卻又好奇到像快被殺死的貓,網站上有虛擬實境導覽,聊勝於無囉!

一般人難有機會入內的城堡↓

Hollywood

逛 街 購 物

♥ 標準觀光客必買

奧斯卡
小金人雕像

✉ 好萊塢地區每間紀念品店都有賣
$ 小金人約$5起跳
➡ 同P.73好萊塢暨高地中心
MAP P.72下

好萊塢的限定紀念品莫過於奧斯卡小金人,獎項從最佳男友、女友、損友,最佳爸媽、老公、老婆、兒女、爺孫,到最佳老闆、同事、部屬……統統都有,想送點有創意的禮物?帶座小金人回家頒獎吧!

紀念品店裡,小金人琳瑯滿目、應有盡有

材質大小價錢不一,多看多比較

♥ 繽紛甜蜜的糖果世界

SWEET!

✉ 6801 Hollywood Blvd., #201, Los Angeles, CA 90028
☎ +1 (323)654-8300
🕐 週日〜四10:00〜20:00,週五〜六10:00〜21:00
$ 小包糖果約從$5起跳
➡ 同P.73好萊塢暨高地中心
http www.sweetlosangeles.com
MAP P.72下

SWEET!糖果專賣店絕對是螞蟻族和夢幻女孩的天堂,一進店就聞到甜滋滋的糖果香,繽紛鮮豔的各色糖果、巧克力放置架上,顧客可以隨心所欲搭配自己喜歡的糖果,裝成全世界獨一無二的糖果罐帶回家,不論是自己留念或送人當禮物,一定都能感受到超甜蜜的幸福好滋味。

七彩糖果罐繽紛得好夢幻

運氣好可看到糖果製作過程

最後成品是這一顆顆精緻小糖果

87

♥ 愛美女孩買到失心瘋
SEPHORA

- ✉ 6801 Hollywood Blvd., Los Angeles, CA 90028
- ☎ +1 (323)462-6898
- 🕐 週一～四10:00～22:00，週五～六10:00～23:00，週日10:00～21:00
- 💲 化妝品約從$3起跳
- ➡ 同P.73好萊塢暨高地中心
- 🌐 www.sephora.com
- MAP P.72下

幾乎每個商場都有分店

美國美妝店和日本藥妝店風格完全不一樣，雖然都賣化妝品，但不知道為什麼，美國美妝店就多了一股時尚潮流味，而且許多國際品牌化妝品比台灣便宜，有在化妝或保養的女孩，幾乎沒有人可以從SEPHORA空手而歸！

每樣產品都可在店內試用

特色餐飲

♥ 代表好萊塢特色的高級餐廳
Laurel Hardware

- ✉ 7984 Santa Monica Blvd, West Hollywood, CA 90046
- ☎ +1 (323)656-6070
- 🕐 週一～五 17:00～次日02:00，週六15:00～翌日02:00，週日11:00～翌日02:00
- 💲 主菜$16起
- ➡ 公車4、218；開車FW101
- 🌐 www.laurelhardware.com
- MAP P.72上

松露薯條

西好萊塢不僅是同性戀的聚集地，也代表著洛杉磯最時尚的文化，因此這裡的餐廳，當然也是最酷、最炫的，吃飯要吃氣氛和感覺，如果在聖塔莫尼卡大道上這家Laurel Hardware坐一坐，你將會深深被西好萊塢精緻、時尚、充滿魅力的氣質吸引住。主要提供薯條、披薩、牛排、漢堡，以及義大

瑪格麗特披薩

利麵等經典的西式餐飲，但每一道料理都被提升到了一個新的層次，十分值得一嘗。

♥ 北美第一家有機咖啡館
Urth Caffé

- 🖂 8565 Melrose Ave., West Hollywood, CA 90069
- 📞 +1 (310)659-0628
- 🕐 每天06:30～23:30
- 💲 用餐約$15～$30
- 🚌 公車10、48、105、DASH Fairfax；開車 FW101、405
- http www.urthcaffe.com
- MAP P.72上

店內人潮時時刻刻都絡繹不絕

口感綿密柔順的咖啡

店家堅持只用有機種植的咖啡豆,與親手挑選的高品質茶葉,早午餐時段簡直一位難求,點杯香醇的現煮咖啡,配上熱騰騰的水果鬆餅、煙燻鮭魚三明治,沐浴在加州陽光下品嘗美食,美好的一天就此展開。

這裡是最能代表洛杉磯的咖啡館

♥ 洛杉磯必嘗的餐廳之一
Carney's Restaurant

- 🖂 8351 W. Sunset Blvd., Los Angeles, CA 90069
- 📞 +1 (323)654-8300
- 🕐 週日～四11:00～24:00,週五～六11:00～翌日02:00
- 💲 用餐約$10～$20
- 🚌 公車2;開車FW101
- http www.carneytrain.com
- MAP P.72上

熱狗、薯條都滿好吃的

真正火車車廂改建的用餐環境　電影《超人》(Superman)曾在此取景

熱情活潑的老闆愛跟客人聊天

普立茲獎美食評論家Jonathan Gold曾經寫道:「卡尼是一間真正能代表典型洛杉磯的餐廳,也是到洛杉磯必嘗的99間餐廳之一。」鮮黃色的聯合太平洋鐵路(Union Pacific)火車車廂,讓它從外觀就格外引人注目,餐點以美式漢堡、熱狗、薯條為主,坐在改裝過的火車車廂內用餐,別有一番樂趣。

89

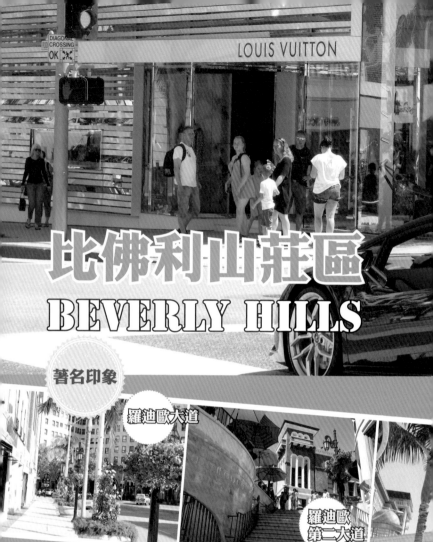

比佛利山莊區
BEVERLY HILLS

著名印象

羅迪歐大道

羅迪歐
第二大道

粉紅皇宮
比佛利山莊酒店

比佛利
市政府

玫瑰花瓣冰淇淋

LOUIS VUITTON

DIAGONAL CROSSING OK

美國知名房地產網站Zillow公布的2015年數據顯示，比佛利山莊中間房價為$281萬，就算只是租房子，平均每月房租也達$4,600，你看看，這真的不是一般老百姓住得起的區！在這裡，全球最頂級的珠寶、精品、名車品牌，與最奢華的飯店、餐廳、俱樂部等，一個都不缺席；走在街上，隨時可能遇到派瑞絲‧希爾頓(Paris Hilton)，坐下吃飯，也可能發現隔壁桌正坐著湯姆‧克魯斯(Tom Cruise)，頂級超跑隨意停在路邊，車主可能只是出門買杯咖啡，巴黎時裝週剛亮相的名牌包，已經靜靜躺在某個櫥窗，等著待會就有貴婦把它帶回家。

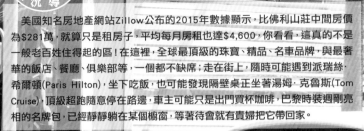

陽光下閃閃發亮的鑲鑽路標

比佛利威爾榭酒店

杯子蛋糕自動販賣機

比佛利市徽

行家才知道

在這挖到加州沙漠中的白金

其實比佛利山莊原本是種植皇帝豆(Lima Bean)的農地，1914年，一群投資人原本希望在這挖到石油的美夢破碎，但反而挖出清澈水源，因此這些有錢人還是決定造鎮，由於環境清幽，逐漸受到更多有錢人青睞，目前居民8成以上是白人，以血統來看，全世界最會經商的波斯猶太人(Persian Jews)就占26%。現在準備好跟我走進這座彷彿只要呼吸，就能晉身上流社會的區域探索了嗎？

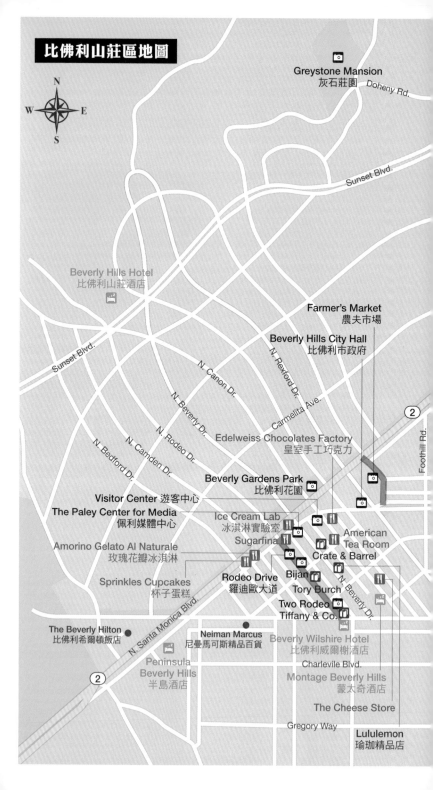

比佛利山莊區地圖

N
W E
S

Greystone Mansion
灰石莊園 Doheny Rd.

Sunset Blvd.

Beverly Hills Hotel
比佛利山莊酒店

Farmer's Market
農夫市場

Beverly Hills City Hall
比佛利市政府

Sunset Blvd.

N. Canon Dr.

N. Rexford Dr.

Carmelita Ave.

2

N. Beverly Dr.

N. Rodeo Dr.

Edelweiss Chocolates Factory
皇室手工巧克力

Foothill Rd.

N. Camden Dr.

N. Bedford Dr.

Beverly Gardens Park
比佛利花園

Visitor Center 遊客中心

The Paley Center for Media
佩利媒體中心

Ice Cream Lab
冰淇淋實驗室

Amorino Gelato Al Naturale
玫瑰花瓣冰淇淋

Sugarfina

American
Tea Room

Crate & Barrel

Sprinkles Cupcakes
杯子蛋糕

Rodeo Drive
羅迪歐大道

Bijan

N. Beverly Dr.

Tory Burch

Two Rodeo

Tiffany & Co.

The Beverly Hilton
比佛利希爾頓飯店

N. Santa Monica Blvd.

Neiman Marcus
尼曼馬可斯精品百貨

Beverly Wilshire Hotel
比佛利威爾榭酒店

2

Peninsula
Beverly Hills
半島酒店

Charleville Blvd.

Montage Beverly Hills
蒙太奇酒店

The Cheese Store

Gregory Way

Lululemon
瑜珈精品店

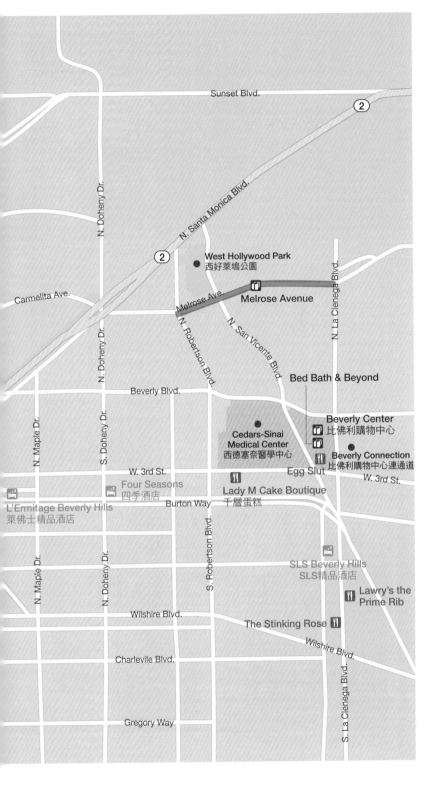

羅迪歐大道
Rodeo Drive

✉ S. Santa Monica Blvd～Wilshire Blvd之間的Rodeo Dr路段
🕐 各店家不一，約11:00～21:00
💲 視個人預算
➡ 公車20；開車FW10、405
http www.rodeodrive-bh.com
MAP P.92

大概只有這裡會用鑲鑽路標

　　羅迪歐大道是明星富豪們購物最方便的地方，也是觀光客「櫥窗購物」(Window Shopping)的好去處，常有人說，「走進店裡就別問價錢，問的通常都買不起！」不過情況因人而異，也許當下心情(或情勢)就是覺得非買不可！必走路段是Wilshire和Rodeo交叉口東北角的Two Rodeo，短短一條蜿蜒小徑造價高達$2億，兩旁高挑復古的建築盡是精品店，走在其中很有置身歐洲的閒適情調；到了盡頭走下弧形階梯有座噴水池，曾出現在不少電影場景裡，如果能在階梯旁陽台上的208 Rodeo Restaurant坐下喝杯香檳，甚至享用晚餐，更是浪漫到爆表啊！

比佛利山莊地理位置最好的餐廳

乾淨舒適的精品購物街

知識充電站

買精品想省稅？

洛杉磯購物會在結帳時，會在標價再加上9%銷售稅(Sales Tax)，遺憾的是，外國遊客不能像在歐洲一樣辦理退稅，不過有2種避稅方式，最簡單是在機場免稅店購物，不然就請店家將物品郵寄回國，但物品要直接寄出，而且消費者需自付運費與所屬國關稅，相加起來划算嗎？看你決定囉！

只接受預約客戶的男士精品Bijan

另一輛客製勞斯萊斯，是很搶眼的鮮黃色

旅行小抄

台幣6,000萬超跑任你拍

全球單價最高的精品店House of Bijan也在這裡(420 Rodeo Dr.)，是間以男性精品為主的品牌，平均每人單次消費約$10萬，你能想像每次逛一間店就花台幣300萬的生活嗎？店外有一台黑黃色系的法國頂級超跑Bugatti Veyron，配備1001匹馬力、16缸引擎和4具渦輪增壓器，時速從0～100公里只要2.5秒，是為紀念已逝伊朗裔美籍設計師Bijan Pakzad而常年停放。

美到像假的Two Rodeo

灰石莊園
Greystone Mansion

✉ 905 Loma Vista Dr., Beverly Hills, CA 90210
📞 +1 (310)285-6830
🕐 週一～四07:30～17:30，週五08:00～17:00，週末休館
💲 戶外花園區免費開放
➡ 從Sunset Blvd往西接Doheny Rd，沿指標一路上山
🌐 www.greystonemansion.org
❓ 正門不開放，需從停車場進入
🗺 P.92

英式花園免費開放參觀

比佛利山莊最不缺的就是豪宅，而全世界最多人看過，卻也幾乎沒有人知道它在哪的豪宅，就是這棟占地16英畝的灰石莊園。可別以為不過就是一棟豪宅嘛，它可是我大力推薦的私房景點，因為每次跟人提到灰石莊園，有9成答案都是沒聽過，他們還都是長年住在洛杉磯的人，更遑論外地來的觀光客，但如果跟你說它就是電影《X戰警》(X-Men)中的超能力學院，現在有興趣了嗎？

說起風格呈都鐸式建築的灰石莊園，是石油大亨多赫尼(Edward L. Doheny)在1926年蓋來送給兒子尼德(Ned Doheny)的結婚禮物，耗時3年才完工，總建設經費達$300萬，創下當時天價，一度成為全加州最昂貴的豪宅，共有55個房間、1座正統英式花園，以及網球場、游泳池、溫室花園和1座小湖等，沒想到多赫尼舉家搬進豪宅後不到5個月，男主人尼德就在家中遭多年好友兼助理槍殺身亡；莊園最後在1965年由比佛利市府買下，整理完開放作為公園，而每個角落都美得不像話的莊園，自然也被好萊塢導演們列入拍攝的口袋名單。

從華麗大門就可一窺莊園奢華

看出這裡是《X戰警》超能力學院嗎？

知識充電站

政商名流的豪氣派對

莊園內部只租借給私人辦活動，每小時租金$1,000起跳，2008年歐巴馬總統在此舉辦募款晚宴，當時每人入場費為$28,500，1晚就募到近$900萬，政商名流的世界果然豪氣！還有堪稱「全球不容錯過的300種慶典」之一的「Concours d'Elegance」，也在每年父親節(6月第三個週日)於莊園登場，國際最名貴車款與經典古董車齊聚一堂，相當吸睛！

Beverly Hills

富豪巨星的粉紅皇宮

比佛利山莊酒店
Beverly Hills Hotel

✉ 9641 Sunset Blvd., Beverly Hills, CA 90210
💲 $485
🌐 www.dorchestercollection.com
🗺 P.92

很有1950年代浮世繁華氛圍

　　1912年開幕、比佛利山莊最經典的酒店，粉色外牆讓它有了「粉紅皇宮」(Pink Palace)的浪漫暱稱，在高昂地段卻坐擁大片熱帶花園，是富豪巨星最愛下榻的酒店，英國溫莎公爵夫婦、玉婆伊莉莎白·泰勒都曾住過，老鷹合唱團(Eagles)膾炙人口的《Hotel California》專輯封面也是它。

總統套房的私人游泳池

精緻奢華、上流人士最愛

萊佛士精品酒店
L'Ermitage Beverly Hills

✉ 9291 Burton Way, Beverly Hills, CA 90210
💲 $419
🌐 www.viceroyhotelsandresorts.com
🗺 P.93

在亞洲名氣並不算高的飯店，卻深受歐美上流人士喜歡

　　深受歐美上層人士喜愛的頂級酒店，走精緻小巧路線，講究讓每位下榻旅客都能享受到尊榮專屬服務；房間採東方原木裝潢與色系，溫馨富質感，所謂低調奢華莫過於此。

飯店門口隨時停放名貴跑車

低調典雅的高貴氣勢
蒙太奇酒店
Montage Beverly Hills

✉ 225 N. Canon Dr., Beverly Hills, CA 90210
💲 $421
🌐 www.montagehotels.com
🗺 P.92

　　典雅高貴又不失摩登風情的裝潢設計，重現1920年代好萊塢黃金時期的繁華浮世氛圍，難怪成為最受明星藝人青睞的酒店，名媛孫瑩瑩就在這舉辦豪門婚禮！大獲好評的包括寬敞舒適、景觀又好的客房、頂樓泳池畔的餐廳「The Rooftop Grill」與頂級SPA療程，是間住了就讓人不想check-out的飯店。

下午在這用餐辦公好愜意

歐式中庭花園對外開放供人休憩

溫馨舒適、體驗貴婦生活
半島酒店
Peninsula Beverly Hills

✉ 9882 S. Santa Monica Blvd., Beverly Hills, CA 90212
💲 $515
🌐 beverlyhills.peninsula.com
🗺 P.92

　　白色端莊氣派的建築，坐落在綠樹白牆之後，入口只有1個車道，儼然藏身在喧囂浮世之中；「The Living Room」下午茶正如其名，布置有如溫馨舒適的客廳，三五好友坐在沙發上，享用精緻瓷盤上裝著的英式下午茶，貴婦生活大概就是這樣。

豐盛精緻的貴婦下午茶，最低$60，需預約

高雅又隨性自在的下午茶餐廳

電影《麻雀變鳳凰》拍攝場景

比佛利威爾榭酒店(四季酒店集團)

**Beverly Wilshire Hotel
(A Four Seasons Hotel)**

✉ 9500 Wilshire Blvd., Beverly Hills, CA 90212
💲 $498
http www.fourseasons.com/beverlywilshire
MAP P.92

雕工精緻的古銅電梯與信箱

1990年經典電影《麻雀變鳳凰》(Pretty Woman)有大部分場景在這拍攝，招待過無數總統和貴賓，歌壇巨星貓王(Elvis Presley)和約翰·藍儂(John Lennon)曾長年以此為家，名廚Wolfgang Puck執掌的「Cut」餐廳，可以吃到頂級乾式熟成21日牛排。

每客超過$100的頂級牛排(圖片提供／Cut Porter House)

四季酒店接手後更為奢華

親民價格享受美味餐點

SLS精品酒店

SLS Beverly Hills

✉ 465 S. La Cienega Blvd., Los Angeles, CA 90048
💲 $335
http www.slshotels.com
MAP P.93

這是間非常潮的酒店！「Tres by José Andrés」早午餐或下午茶頗受歡迎，在華麗宮廷與現代時尚風格交融的用餐環境中，以相對親民價格展現名廚手藝。

早午餐和下午茶都頗獲好評，下午茶最低$35

法國設計鬼才史塔克(Philippe Starck)傑作

《飛越比佛利》、《90210》

1 走在「Walk of Style」欣賞雕塑大師傑作《Torso》。

2 躺在比佛利花園(Beverly Gardens Park)草坪,看書、曬太陽、發發呆。

街上多刻有時尚界導師經典格言

3 挑12月充滿耶誕氣息時節造訪,盡賞街上與各飯店大廳華麗精緻的裝飾。

4 前往週日09:00～13:00的農夫市場(9300 Civic Center Dr.),尋訪加州品質最優的當季蔬果花卉。

5 在Rodeo Dr.找張路邊長椅坐下,看川流不息的名車、超跑從眼前駛過。

6 到赫赫有名的市徽前擺Pose照相。

7 參觀市府(City Hall, 455 N. Rexford Dr.)西班牙文藝復興建築與8層樓高、金光閃閃的圓頂。

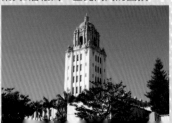

Beverly Hills

8 前往空氣中瀰漫著起司香味的「The Cheese Store」(419 N. Beverly Dr.)，品嘗美味試吃餅乾。

9 坐在Beverly Wilshire飯店大廳，重溫電影《麻雀變鳳凰》(Pretty Woman)經典浪漫情節。

10 走進最喜歡的五星級飯店，欣賞氣派華麗的大廳與美輪美奐的戶外庭園。

11 欣賞「Sugarfina」(9495 S. Santa Monica Blvd.)五顏六色的糖果牆，試吃展示櫃裡甜蜜誘人的各式糖果。

12 遊客中心(Visitor Center, 9400 S. Santa Monica Blvd., #102)索取特別折扣券(Exclusive Offers)。

13 「American Tea Room」(401 N. Canon Dr.)認識並試飲全球上百種頂級紅茶、綠茶與白茶。

14 到瑜珈界精品店「Lululemon」(334 N. Beverly Dr.)報名免費開放的瑜珈課程，各程度都可上課。

15 參觀佩利媒體中心(The Paley Center for Media, 465 N. Beverly Dr.)，置身熱門電視影集場景。

《飛越比佛利》與《90210》

「90210」是比佛利山莊部分地區的郵遞區號，這兩部美國熱門電視影集，雖然分屬不同世代，但故事背景都在比佛利山莊，內容也都圍繞在描寫一群有錢高中生的糜爛奢華與戀愛生活，算是除了電影《麻雀變鳳凰》(Pretty Woman)以外，將比佛利山莊名氣和代表郵遞區號推向國際舞台的一大功臣。

逛街購物

比佛利中心內部大廳

比佛利山中心下面的特色餐廳，丸龜製麵在這裡也有分店

♥ 從平價到高檔精品俱全

比佛利購物中心
Beverly Center

- ✉ 8500 Beverly Blvd., Los Angeles, CA 90048
- ☎ +1 (310)854-0070
- 🕐 週一～五10:00～21:00，週六10:00～20:00，週日11:00～18:00
- 💲 視個人預算
- ➡ 公車14、105，DASH Fairfax；開車FW10
- 🌐 www.beverlycenter.com (有中文版)
- 🗺 P.93

8層樓的寬敞室內購物空間，有160多個專櫃，是個可以享受「在比佛利山莊血拼」的好去處，因為品牌從平價的H&M、Forever 21、UNIQLO，到精品如Gucci、FENDI、Louis Vuitton統統都有，而且服務台提供相當完善的中文服務，有時多問一句，說不定還會有意想不到的折扣優惠。

比佛利購物中心招牌

知 識 充 電 站

南加州的貴族醫院

比佛利購物中心旁邊的西德塞奈醫學中心(Cedars-Sinai Medical Center)，因為地緣關係，絕大多數病患都是有錢人，有錢人又捐錢給醫院，添購最頂級醫療器材，聘雇最頂尖醫護人員，循環下來就成了最多權貴病患的全美最佳醫院之一。

強項是世界頂尖心臟科權威

Beverly Hills

♥ 品味生活的家具店
Crate & Barrel

✉ 438 N. Beverly Dr., Beverly Hills, CA 90210
☎ +1 (310)247-1700
🕐 週一～五10:00～20:00，週六10:00～19:00，
　週日11:00～18:00
💲 視個人預算
➡ 公車16、316；開車FW10
🌐 www.crateandbarrel.com
🗺 P.92

每次逛都能得到很多居家布置靈感

　　這是我最愛逛的家具店！風格簡約、時尚又溫馨，每件商品都別具質感，店裡的生活小物、廚房用品和餐具配件常讓人愛不釋手，雖然偏中高價位，但卻是凸顯個人生活品味的聰明投資。

飽和色系讓居家布置清新明亮

很多地方都有分店

♥ 裝滿幸福的蒂芬尼藍盒子
Tiffany & Co.

✉ 210 N. Rodeo Dr., Beverly Hills, CA 90210
☎ +1 (310)273-8880
🕐 週一～六10:00～19:00，週日11:00～17:00
💲 視個人預算
➡ 公車20；開車FW10
🌐 www.tiffany.com (有中文版)
🗺 P.92

令人心花怒放的禮物

　　女生無法抵抗的Tiffany，在美價格約比台灣少10%～20%，最少只要$65就有鑰匙圈，$100就有零錢包，$150就有手鍊，而且是在比佛利山莊的Tiffany買到，附加價值，無價！

美國款式比台灣多更多

特色餐飲

♥ 皇室尊榮品質的英式牛肋排

Lawry's the Prime Rib

✉ 100 La Cienega Blvd., Beverly Hills, CA 90211
📞 +1 (310)652-2827
🕐 週一～五17:00～22:00，週六16:30～23:00，週日16:00～21:30
💲 $31～$60
➡ 公車105、705；開車FW10
http www.lawrysonline.com
❓ 需預約，服裝整齊端莊
MAP P.93

　　雖然台北也吃得到，但在比佛利山莊吃的感覺，就是不一樣！強調營造兼具高雅與溫馨氣氛的用餐環境內，訓練有素的服務生先在

外熟內粉紅，嫩度處理得剛剛好

桌旁表演「冰炫翡翠沙拉」秀，接著廚師推著銀色餐車過來，替每位顧客現切烘烤得恰到好處的牛肋排，搭配菠菜泥、玉米粒和馬鈴薯泥，映襯得盤中牛排更顯粉嫩可口，令人垂涎欲滴。

知識充電站

餐車界的勞斯萊斯

比佛利山莊店內的第一台銀色不鏽鋼餐車，是當年由工匠一片片將不鏽鋼片彎成所需弧度，再經過精密焊接、磨砂、拋光而成，1台餐車造價相當於當時1輛勞斯萊斯的售價，盡顯餐廳極力提供頂級服務的決心。

各種牛肉在餐車上排排站

1938年在比佛利山莊開幕

💜逐臭之夫最愛的大蒜主題料理

The Stinking Rose—A Garlic Restaurant

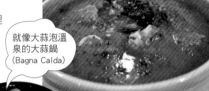

就像大蒜泡溫泉的大蒜鍋（Bagna Calda）

義式海鮮鍋（Zuppa di Pesce）

📧 55 N. La Cienega Blvd., Beverly Hills, CA 90211
📞 +1 (323)654-8300
🕐 每天11:30～22:00
💲 $25～$40
🚌 公車105、705；開車FW10
🌐 www.thestinkingrose.com
🗺 P.93

大蒜冰淇淋當甜點真是一絕

只有舊金山和比佛利山莊才有的臭玫瑰餐廳，在高級餐飲界以獨特口味闖出一片天，標榜「以食物搭配調味大蒜」（We Season Our Garlic With Food！），白話說就是吃大蒜配牛排的概念，愛吃大蒜的人會大呼過癮，不吃大蒜的話，

認明菜名後面有吸血鬼圖樣的就對了！菜系融合加州與義大利風味，必點前菜是大蒜鍋（Bagna Calda），滿滿1盆大蒜瓣浸泡在特級橄欖油、奶油和鯷魚裡，食用時塗抹在店家特製麵包上，味道濃郁香甜又帶一絲微辣，滋味令人難忘。

蒜香徹底融進麵包裡

座位區主題多元，這是馬戲團區

店內裝潢都是大蒜身影

♥ 來自紐約No.1法式千層蛋糕

Lady M Cake Boutique

✉ 8718 W. 3rd St., Los Angeles, CA 90048
📞 +1 (323)825-8888
🕐 週一～六11:00～19:00，週日11:00～18:00
💲 一片蛋糕$8起
➡ 公車16、316、220；開車FW10
🌐 www.ladym.com
⁉ 不接受預約
🗺 P.93

每天固定提供的多種蛋糕

新鮮好吃、口感濃郁，並且採純手工製作的蛋糕，搭配上高雅精緻的包裝，根本沒有女生抗拒得了它的魅力；店內空間挑高明亮，讓玻璃櫃內的蛋糕更顯秀色可餐，通常打烊前就會銷售一空。

店內吃蛋糕算用餐，要付小費

人氣商品原味千層蛋糕(Signature Mille Crêpes)

♥ 杯子蛋糕界的精品名牌

Sprinkles Cupcakes

✉ 9635 S. Santa Monica Blvd., Beverly Hills, CA 90210
📞 +1 (310)274-8765
🕐 週一～六09:00～21:00，週日10:00～20:00
💲 1個$3.75，1打$42
➡ 公車4、16、316；開車FW10
🌐 www.sprinkles.com
⁉ 口味每日不定
🗺 P.92

鬆軟蛋糕體上覆蓋著綿密糖霜的杯子蛋糕，一直都有讓人著迷的力量，除了在店內直接挑選口味，更受歡迎的是全球第一台「杯子蛋糕自動販賣機」

難得不甜膩的美國杯子蛋糕

(Cupcake ATM)，強調任何時候都可以享用到甜蜜好滋味。隔壁同店賣的冰淇淋則是純有機牛奶製成，持比佛利遊客中心發給的特別折扣券，還能享有買1送1的優惠。

照指示操作，2分鐘就出爐囉

每天有十幾種口味新鮮供應

♥ 洛杉磯特色網紅店
Egg Slut

✉ 8500 Beverly Blvd., Unit 101 Los Angeles, CA 90048
📞 +1 (310)975-3822
🕐 週一～日08:00～16:00
💲 $8起
🚌 公車14、105；開車FW10
http www.eggslut.com
MAP P.93

近年來Egg Slut已經成為網紅博客的必拍洛杉磯美食，當誘人的蛋黃從新鮮

Eggslut標誌

出爐的麵包中流出的照片傳遍網絡，Egg slut的招牌也在洛杉磯一炮打響。這裏的最出名的除了三明治，還有招牌菜"The Slut"——

三明治與The Slut

用精準的溫度煮出的荷包蛋與土豆泥一起放在一個玻璃小瓶中，吃起來的口感異常鮮美。

♥ 讓人心花朵朵開的冰淇淋
Amorino Gelato Al Naturale

✉ 9605 S. Santa Monica Blvd., Beverly Hills, CA 90210
📞 +1 (424)335-0317
🕐 週日～三11:00～23:00，週四～六11:00～24:00
💲 $5.5起
🚌 公車4、16、316；開車FW10
http www.amorino.com
MAP P.92

來自法國巴黎的小天使冰淇淋，最特別的是外型採片狀堆疊而成，看上去就像盛開的玫瑰，所以又被暱稱為玫瑰花瓣冰淇淋；選好甜筒大小

通常選3～5種口味顏色最繽紛

店員個個手藝精巧又笑容可掬

後，不管你要幾種口味都是一樣價錢，而用料扎實、外型美麗的冰淇淋，吃完真的會讓人有股被小天使圍繞的幸福滿足感呢！

挑口味打造專屬玫瑰花瓣冰淇淋

西洛杉磯區
WEST LOS ANGELES

著名印象

加州大學
洛杉磯分校(UCLA)

卡佛飯店

葛洛夫
購物中心

洛杉磯
縣立美術館

街燈叢林

聽名字就知道是洛杉磯西區,會特別自成一區,主要是因為相較於洛杉磯其他部分,本區生活環境較好,房價也較高,產業以金融、商業和媒體為主,所以居民多為年輕白領階級的白人或日本人,小大阪(Little Osaka)就在這,鼎鼎大名的美國聯邦調查局(FBI)洛杉磯總部也在這;另外還有一些家較好的西語裔藍領家庭,由於他們多是來自以美食聞名的墨西哥城市瓦哈卡(Oaxaca)移民,到美國繼續開餐廳維生,讓西洛杉磯順勢有了不少頂尖的墨西哥餐廳,整體說來這裡是個居住、工作都相當舒服的區域。

農夫市場

加州洛杉磯聖殿

蓋蒂中心

行家才知道

從占地就可一窺財力

西洛杉磯最精華的路段聖塔莫尼卡大道上,有一座相當宏偉壯麗的白色教堂,稱為「加州洛杉磯聖殿」(LA California Temple),雖然外型簡潔俐落,但路過的人很難不被它的氣派吸引目光;這裡是耶穌基督後期聖徒教會,也就是俗稱摩門教所屬的全球第二大教堂(僅次於鹽湖城),非教徒也可以入內參觀,我喜歡在12月去看妝點華麗的聖誕布置,感覺格外有耶誕氣息呢!

✉ 10777 Santa Monica Blvd., Los Angeles, CA 90025

http www.lds.org (有中文版)

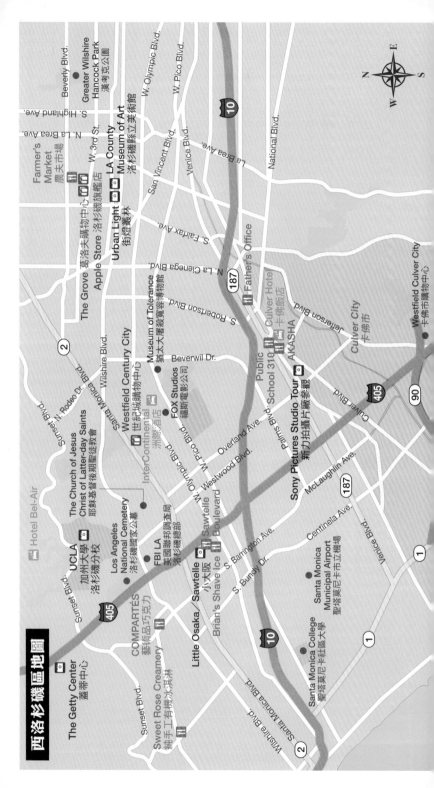

西洛杉磯區地圖

The Getty Center 蓋蒂中心

Hotel Bel-Air

Sunset Blvd.

COMPARTÉS 藝術品巧克力

Sweet Rose Creamery 純手工有機冰淇淋

Little Osaka／Sawtelle 小大阪

Brian's Shave Ice

Sawtelle Boulevard

Wilshire Blvd.

Santa Monica Blvd.

UCLA 加州大學 洛杉磯分校

The Church of Jesus Christ of Latter-day Saints 耶穌基督後期聖徒教會

Los Angeles National Cemetery 洛杉磯國家公墓

FBI LA 美國聯邦調查局 洛杉磯總部

N. Rodeo Dr.

Wilshire Blvd.

Santa Monica Blvd.

Westfield Century City 世紀城購物中心

InterContinental 洲際酒店

FOX Studios 福斯電影公司

Beverwil Dr.

Westwood Blvd.

W. Pico Blvd.

S. Barrington Ave.

S. Bundy Dr.

Overland Ave.

Santa Monica Blvd.

Santa Monica Municipal Airport 聖塔莫尼卡市立機場

Santa Monica College 聖塔莫尼卡社區大學

McLaughlin Ave.

Centinela Ave.

Venice Blvd.

Culver Blvd.

Sony Pictures Studio Tour 新力拍攝片廠參觀

Public School 310

AKASHA

Culver Hotel 卡佛飯店

Culver City 卡佛市

Jefferson Blvd.

Westfield Culver City 卡佛市購物中心

Father's Office

Museum of Tolerance 猶太大屠殺覽容博物館

S. Robertson Blvd.

N. La Cienega Blvd.

S. Fairfax Ave.

San Vincent Blvd.

Venice Blvd.

La Brea Ave.

National Blvd.

Urban Light 街燈叢林

Apple Store 洛杉磯旗艦店

The Grove 葛洛夫購物中心

Farmer's Market 農夫市場

LA County Museum of Art 洛杉磯縣立美術館

W. 3rd St.

N. La Brea Ave.

S. Highland Ave.

Beverly Blvd.

Greater Wilshire Hancock Park 漢考克公園

W. Olympic Blvd.

W. Pico Blvd.

N E W S

熱門景點

加州大學洛杉磯分校

洛加大UCLA、University of California, Los Angeles

✉ University of California, Los Angeles, CA 90095
☎ +1 (310)825-4321
⊙ 全年開放
💲 免費
🚌 公車2、302、761；開車FW405
🌐 www.ucla.edu
🗺 P.110

高中生參觀校園以便未來選校

校園占地廣闊

創辦於1919年的UCLA，是加州公立大學系統第二間分校，在學術和體育方面都享譽盛名，也是台灣留學生熱門選擇之一，對觀光客來說，你不需要知道它在全美大學排名都保持在20幾名上下，歷年共拿下214枚奧運獎牌，出過14位諾貝爾獎得主，你最直接看到的，是走在美麗校園中感受青春活力的氛圍。

校園大樓多為古典紅磚瓦建築，最具代表性的圖書館擁有800多萬冊藏書，位居全美第十四名；11個學院當中，以安德森管理學院(Anderson School of Management)、法學院(School of Law)、戲劇電影電視學院(School of TFT)和醫學院最有名，附屬的醫學中心(Ronald Reagan UCLA Medical Center)是全美前5、美西第一的醫院。

加州公立大學(UC)各分校有不同的熊做象徵

紅磚瓦建築特別有學院氣息

UCLA vs USC
仙熊 vs 特洛伊勇士
跨城對決！
The Battle of LA

南加大(USC)全校齊心守護特洛伊勇士

洛杉磯加大(UCLA)校徽　南加大(USC)校徽

　UCLA校園中央有座仙熊(Bruin)銅像，是學校精神象徵，每年遇上與宿敵USC對戰的美足賽前1週，是UCLA的「痛宰南加大週」(Beat'SC Week)，對手USC則訂為「特洛伊週」(Troy Week)，或更常稱為「征服週」(Conquest)；兩校分別舉辦樂儀隊表演、營火晚會、遊行和即興娛樂等活動，卯足全力提振士氣，凝聚全校向心力，但這些都比不上保護自家吉祥物來得重要！

　兩校大鬥法的版本很多，最經典就是互潑油漆，所以仙熊身上有USC的代表顏色酒紅和金色(Cardinal & Gold)，特洛伊勇士(Tommy Trojan)則被潑上UCLA的藍色與金色(Blue & Gold)，從此每到賽前，UCLA會用帆布蓋住仙熊，寫著「仙熊正在冬眠。擊敗SC！」USC則用銀色膠帶將特洛伊勇士像木乃伊般層層裹住，寫上「別讓熊毀了你的人生！」雙方學生還會24小時輪班守夜呢！也有USC學生將玩具熊綁在腳踏車或滑板上拖著走，讓熊看起來很狼狽，UCLA學生則拿裝滿藍色和金色水洗顏料的水球丟向USC校園，總之美國大學生瘋起來根本不輸小屁孩！

→洛杉磯加大(UCLA)精神象徵仙熊(Bruin)

振奮全場士氣的精采南加大(USC)樂儀啦啦隊表演

好萊塢專業等級的電影院

ArcLight電影院

卡佛飯店旁的ArcLight電影院始建於1924年，我住卡佛市的6年多，常在週末走來吃晚餐兼看電影，曾經好幾次遇到看完就有一群觀眾起立鼓掌，有人感動流淚，或是幾個人直接在廳裡開會討論剛才的電影，我猜應該是電影公司員工，能和這些幕後英雄一起看電影，感覺真特別！

年輕時髦有活力的電影新都

卡佛市
Culver City

EMILY私房推薦

- 📧 約略在西洛杉磯偏南地區的零散區塊
- 🕐 全年開放
- 💲 免費
- ➡️ 公車1、5、7、Commuter Express；地鐵輕軌Culver City站；開車FW10、405
- http www.culvercity.org
- 🅿️ 卡佛市內非常多測速照相機，請格外注意交通規則
- MAP P.110

1920年代開始，卡佛市就是影視製作重鎮，大型電影集團米高梅（MGM）、新力（SONY Pictures），以及美國全國公共廣播電台NPR美西總部，和熱門體育頻道NFL Network總部都在此，為了上班方便，許多年輕有創意的娛樂產業新生代就住在卡佛市，李小龍拍攝電視影集《青蜂俠》(The Green Hornet)時也住這！經典地標是磚紅色熨斗狀的卡佛飯店(Culver Hotel)，古典建築常成

知性富活力的媒體影視之城

偶有明星出入的卡佛飯店

為劇組就近取景地點，有些從外地來洛杉磯參與拍攝的演員也會選擇下榻於此；另外，卡佛市中心雖然只有小小一區，但有很多好餐廳可以選擇，而且氣氛既適合朋友聚會，也適合約會，隨機看心情挑一間都不錯。

旅行小抄

一窺後台的祕密
SONY Pictures Studio Tour

位在卡佛市內的SONY影視，也有開放參觀攝影棚的導覽行程，規模雖然不比環球影城(P.78)，但精采度不相上下！在2小時導覽中，遊客可以親眼見到從《綠野仙蹤》(The Wizard of Oz)到《蜘蛛人》(Spider-Man)的電影場景，並參觀正在錄影的電視節目，我想這對許多人來說，應該會是蠻難得的體驗。

- http www.sonypicturesstudiotours.com
- 💲 $40(謝絕12歲以下入場)
- 🕐 週一～五09:30、10:30、13:30、14:30

蓋蒂中心
The Getty Center

✉ 1200 Getty Center Dr., Los Angeles, CA 90049
☎ +1 (310)440-7300
🕐 週二～五、週日10:00～17:30，週六10:00～21:00，週一休館
💲 免費
➡ 開車FW405
🌐 www.getty.edu
ℹ 須花$15停車在山下，再搭免費電車上山，電車車程約5分鐘
🗺 P.110

到處都是方形元素

這是每位造訪洛杉磯的朋友都會聽到我大力推薦的景點之一！熱愛收藏古董和藝術品的石油大亨蓋堤(J. Paul Getty)，用他富可敵國的財力花45年網羅全球珍品，在他過世後，蓋蒂基金會(Getty Trust)聘請普立茲克建築獎(Pritzker Architecture Prize)得主邁爾(Richard Meier)負責設計，邁爾從義大利運來大量白色石灰石，切割成30英吋的正方形搭建成建築主體，所有窗戶、地板也都是30英吋正方形拼貼，邁爾還大量運用窗框概念，將館區花園、餐廳、甚至遠方洛市天際線都融入，讓總造價高達$13億的蓋蒂中心成為攝影天堂。

蓋蒂中心自1997年對外開放，遊客需搭乘電車上山，短短5分

質感與氣氛兼具的美麗博物館

買杯咖啡就可以在美景旁邊坐一天

低成本、高品質的愜意享受

免費入館是蓋蒂中心一大優勢，有時心血來潮，我會帶著筆電和一本小說來這，點杯咖啡找個喜歡的、舒服的位置坐下，充分利用它的免費WI-FI，一邊工作、一邊享受生活，累了就到館內對著某幅畫發呆，是不是很愜意！

保護野生動物與環境而建造電車

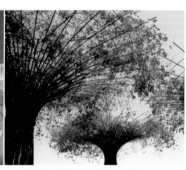

大量花卉植栽讓各時節都有美景

鐘車程可以看到洛杉磯市景逐漸踩在腳下，有股遠離塵囂的感覺；從電車站就發現映入眼簾盡是一片白色，搭配綠意盎然的庭院和處處可見的潺潺水流，光待在戶外就是一大享受，很多人喜歡來這躺在草皮上看書並享受陽光呢！展館分東西南北4館，主要展覽品為20世紀前的歐洲繪畫、雕塑、裝飾藝術品，與19～20世紀的歐美攝影作品，許多大師如高更、塞尚、莫內、雷諾瓦的作品都看得到，鎮館之寶是梵谷(Vincent van Gogh)的《鳶尾花》(Irises)，館方在1990年以$5,400萬高價買下收藏。

賣輕食簡餐，也是熱門辦婚禮場所

從戶外穿梭各館同時享受自然

藝術殿堂之美西最大博物館
洛杉磯
縣立美術館
LA County Museum of Art

✉ 5905 Wilshire Blvd., Los Angeles, CA 90036
📞 +1 (323)857-6010
🕐 週一、二、四11:00～17:00，週五11:00～
　20:00，週末10:00～19:00，週三休館
💲 $15
➡ 公車20、217、218、720、780；開車FW10
http www.lacma.org
❓ 每月第二個週二免費入館
MAP P.110

位在洛杉磯最昂貴路段之一

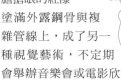

挑高中庭有賣簡餐、咖啡、紀念品

　　從古埃及到現代藝術品都有，共超過12萬件館藏，強項是亞洲與美洲藝術，日本館(Pavilion for Japanese Art)和專門陳列羅丹(Rodin)雕塑的戶外公園(B. Gerald Cantor)最受歡迎；大膽搶眼的紅漆塗滿外露鋼骨與複雜管線上，成了另一種視覺藝術，不定期會舉辦音樂會或電影欣賞會，將藝術真正帶入日常生活。

館內收藏許多大師真品

展出內容從繪畫、雕塑到文物等，相當豐富

館方運用巨大天然石材，凸顯人類渺小

大量鮮紅色更顯強烈對比

最浪漫的都市街燈叢林Urban Light

玩家交流

記得有一晚，2位記者朋友炫風過境洛杉磯，身為地主的我當然再遠再晚也要帶他們掃一下，至少不要讓他們對洛杉磯的回憶只有機場和飯店，結果匆匆3小時的夜遊，就在這High到最高點！我們想當然爾拍了很多照片，留下很多歡笑，真要謝謝冰冷街燈散發的明亮光線，讓我腦海裡又多了一段溫暖回憶。

說起在縣立美術館旁的《Urban Light》，是概念藝術家波頓(Chris Burden)費時7年，到處收購1920～30年代的路燈，然後將202根分屬17款樣式、高約6～9公尺的街燈全部漆成灰色，在2008年亮相後，立刻成為Instagram上鏡率最高的公共

夜景十足浪漫，成為約會聖地

藝術之一；由於造型搶眼大膽又獨特，曾出現在不少電影、電視、MV和時尚雜誌裡，也是年輕人和情侶們最愛逗留的拍照去處，現在我把這個既富人文藝術感、又充滿文青氣息的好地方介紹給大家，你，心動了嗎？

人們各自沈浸在喜愛的藝術品中

公園由漢考克先生捐款建造

日本館藏也很豐富

常見的推車與水管也可以是藝術

中心廣場

洛市自己的品牌設計概念

♥ 洛城最棒的體驗式購物中心

世紀城購物中心
Westfield Century City

✉ 10250 Santa Monica Blvd., Los Angeles, CA 90067
☎ +1 (310)277-3898
🕐 週一～六10:00～21:00，週日11:00～19:00
➡ 公車4、16、28、318；開車FW10、405
🌐 www.westfield.com
⁉ 購物或看電影可享停車費折扣
🗺 P.110

全美大大小小的購物中心，都因為網絡購物的崛起而逐漸沒落，但世紀城購物中卻心在經過

綠色植物的體驗小店

中心廣場設計開闊，經常有各種演出活動

La colombe咖啡店

重新翻修和設計之後，搖身一變成為洛城最棒的體驗式購物中心。這裡不僅僅是購買品牌的地點，它獨樹一幟將洛城自己的品牌，以及體驗式的購物環境融為一體，從亞馬遜書店到Eataly，再到各種咖啡店和精品店，這裡絕不會讓你感覺到千篇一律的乏味和單調，甚至因為設計優美，戶外、

洛城特色巧克力品牌Compartes的門口已經成為網紅必拍之地

室內的巧妙結合，成為在附近工作的白領休閒、放鬆的好地方。

旅行小抄

比在台灣買還划算的品牌推薦

在美國久了會被某些品牌價位寵壞，撇開高級精品不談，以下提供我覺得很值得在美國買的中高價位品牌(折扣為與台灣價格比較)，通常當季新品已經便宜不少，如果到Outlets買更划算喔！

品　牌	當季起價	與台灣定價差
TUMI	$200	約7折
Juicy Couture	$180	
Marc by Marc Jacobs	$200	約6折
Michael Kors	$180	約5折
Kipling	$50	
Coach	$200	Outlets折扣價再5折或再7折
Tory Burch	$180	沙漠之丘暢貨中心(P.240)與卡瑪利歐暢貨中心(P.234)有大折扣
Kate Spade New York	$150	

美妝保養品：AVEDA約75折，ORIGINS約7折，benefit約7折，Burt's Bees約6折，Kiehl's約6折。另外，fresh玫瑰保濕面膜(Rose Face Mask)，Bath & Body Works洗手乳、護手霜、身體乳液……，雖然重一點但也值得帶。

服　　飾：由於個人風格不同，很難給出建議品牌，但整體而言美式休閒品牌如Polo Ralph Lauren、7 For All Mankind、A&F、AE、AIX、Hollister、Aeropostale等等，都比台灣便宜太多！

♥ 被加州陽光懷抱的舒適氣氛

葛洛夫購物中心
The Grove

✉ 189 The Grove Dr., Los Angeles, CA 90036

☎ +1 (323)900-8080

🕐 週一～四10:00～21:00，週五～六10:00～22:00，週日10:00～20:00

➡ 公車16，DASH Fairfax；開車FW10、101

http www.thegrovela.com

MAP P.110

象徵洛杉磯精神的天使之柱　薑餅屋裡有聖誕老公公陪小朋友拍照

熱門連鎖餐廳The Cheesecake Factory

　　歡迎來到我最愛消磨週末時光的好地方！2002年開幕就大獲好評的購物娛樂商場，充分利用加州陽光，營造出漫步歐洲般的舒適露天購物環境，中央有座仿賭城Bellagio飯店前著名的水舞噴水池，雖是迷你版，但坐在一旁餐廳喝酒用餐，或聽著現場演奏音樂喝杯咖啡，仍舊很有情調；噴水池旁

像在度假小鎮逛街的愜意

有電影院、高級百貨Nordstrom與Crate & Barrel(P.103)，主街店家品牌都很有質感，非常好逛好買；聽到清脆鈴鐺聲響時，可以跟著搭上貫穿主街的復古綠色雙層電車，別有一番樂趣。這裡雖然每次來都覺得很舒服很好逛，但是最美的時候還是非聖誕節莫屬，布滿天空、街道與店家的聖誕裝飾，將購物街布置得繽紛華麗，置身其中心情都不自覺的幸福飛揚了起來！

↑聖誕樹點燈夜會降下人工雪　↑沿噴水池旁的餐廳多為法義料理　↑年度盛事是放煙火、點聖誕燈

特 色 餐 飲

到加州可以多吃當地特產的杏、桃、蘋果

木製鐘樓是農夫市場地標

♥ 集結美食與生鮮蔬果的傳統市場

農夫市場
Farmer's Market

✉ 6333 W. 3rd St., Los Angeles, CA 90036
☎ +1 (323)933-9211
🕐 週一～五09:00～21:00，週六09:00～
   20:00，週日10:00～19:00
➡ 同P.120葛洛夫購物中心
🌐 www.farmersmarketla.com
❓ 此區平面停車較貴，停在葛洛夫購物中心的
   停車塔再順道逛過來即可
🗺 P.110

　起初洛杉磯的農夫們會帶著自己的新鮮蔬果、肉畜製品到這交易買賣，至今已發展成集結生鮮蔬果、熟食攤位、甜點冰品和異國料理的農夫市場，也是逛完葛洛夫購物中心後，一定要順道走去買點觀光客小紀念品和享受美食的天堂。市場裡有數十攤現做料理，價位公道選擇多，我最喜歡Bryan's Pit BBQ，浸滿醬汁後燒烤的德州豬肋排超有味，還有Moishe's Village船型披薩，新鮮食材鋪在手桿餅皮上，放進磚爐窯烤後，更顯爽脆好滋味。

從歐美到亞洲料理都有

自選座位用餐，所以免付小費

現烤出爐的船型披薩美味滿點

新鮮現榨的果汁，但當然沒台灣便宜

♥ 吃了會上癮的有機冰淇淋

Sweet Rose Creamery

✉ 225 26th St., #51, Santa Monica, CA 90402
📞 +1 (310)260-2663
🕐 週一〜四08:00〜22:00，週五〜六08:00〜
23:00，週日08:00〜22:00
💲 $4起
➡ 公車4；開車FW10、405
🌐 www.sweetrosecreamery.com
❓ 每日口味不一
🗺 P.110

依當天購進食材提供不同口味

赫芬頓郵報(The Huffington Post)評為「洛杉磯最佳5大冰淇淋」之一，使用的牛奶、奶油、雞蛋全為有機產品，其餘食材也購自當地農夫市場的有機鮮果與香料，而且製作過程為純手工，我最喜歡有著淡淡茶香

的伯爵紅茶(Earl Grey)口味，不過這款口味是可遇不可求的喔！

復古風格的店面招牌

口感扎實綿密的冰淇淋

♥ 藝術品般的手工巧克力

COMPARTÉS

✉ 912 S. Barrington Ave., Los Angeles, CA 90049
📞 +1 (310)826-3380
🕐 週一〜六10:00〜18:00，週日公休
💲 巧克力磚$9.95起，20顆禮盒$55
➡ 公車4、14、3M；開車FW405
🌐 www.compartes.com
🗺 P.110

誰說巧克力只能黑黑的呢？「COMPARTÉS」就用鮮豔繽紛的色彩來妝點不同口味的巧克力，精

滿牆五顏六色各式口味巧克力磚

店外小庭院可以吃下午茶

如珠寶般美麗的單顆巧克力，可以拼裝成禮盒

美圖案讓人看了眼花撩亂、心情大好，可以自己挑選單顆口味，也有包裝時尚的巧克力磚，雖然價位偏高，買了可能也捨不得吃，但若拿這個送禮，朋友一定愛死你！

💛 熟成牛肉與煙燻培根的絕美搭配

Father's Office

📧 3229 Helms Ave., Los Angeles, CA 90034
📞 +1 (310)736-2224
🕐 週一～四17:00～翌日01:00，週五～六12:00 ～翌日02:00，週日12:00～24:00
💲 $11～$30
➡️ 地鐵Expo線Culver City站；公車1、33；開車 FW10
🌐 www.fathersoffice.com
🗺️ P.110

店內人潮時時刻刻都絡繹不絕

招牌餐點Office Burger，法國麵包裡夾著乾式熟成牛肉，配上焦糖洋蔥、蘋果木煙燻培根，還有香氣逼人的瑞士葛瑞爾起司，以及梅塔格藍起司和新鮮芝麻菜，大口咬下才知道什麼叫美式漢堡，是洛杉磯人也不見得吃過的絕世美味喔！

一吃成主顧的招牌漢堡

非常鮮美又多汁的烤鴨沙拉

💛 來自夏威夷的夢幻冰品

Brian's Shave Ice

📧 11301 W. Olympic Blvd., Suite 103, Los Angeles, CA90064
📞 +1 (310)231-3450
🕐 每天12:00～23:00
💲 $5起
➡️ 公車4、5；開車FW405
🌐 www.shaveicela.com
🗺️ P.110

小大阪各式日本料理都有，而且都不錯

身為冰品控的我幾乎吃遍南加州各式冰品，而在老美冰淇淋市場中闖出一片天的，就是來自夏威夷的彩虹冰。位於小大阪區的「Brian's Shave Ice」，店面雖然不大，但憑藉不一樣的冰品路線，一年四季總能吸引顧客上門找甜頭，有機會去吃，盡管挑選喜歡的糖漿口味，拿著色彩鮮豔的彩虹冰大快朵頤吧。

彩虹冰總喚起我在夏威夷的歡樂時光

另外值得一提的是，範圍介於 W. Olympic Blvd到La Grange Ave 之間的Sawtelle Blvd路段這一區，因為擁有許多日本料理餐廳，又被稱為「小大阪」，除了彩虹冰，還有更多價位中等、口味不錯的餐廳，各種料理輪著吃很過癮，由於個人喜好不同，我就不多加贅述，留待你自己來挖掘囉！

♥ 藏在小街巷的亞洲料理天堂

Sawtelle Boulevard

✉ 夾在Santa Monica Blvd和Olympic blvd之間
的Sawtelle Blvd
🕐 各店不一
💲 各店不一
➡ 地鐵Expo線；公車721、460；開車FW10、
FW405
🗺 P.110

ROC的燒賣

洛城的年輕人把這個藏在西洛杉磯高速公路附近這條名為Sawtelle的小街，當作是朋友聚會、情侶約會的好地方。這條從前是日裔聚集的小街，已經演化成最潮的亞洲料理天堂，除了Hide Sushi、Furaibo拉麵等日本料理，還有台灣奶茶店Volcano Tea House、Nong La Café的越南粉，以及ROC的小籠包和牛肉麵，總共近30家餐廳。若是吃膩了漢堡和披薩，可以在一天旅途結束之後，來這裡吃頓可口的亞洲料理，再逛逛Mitsuwa日本超市，選幾樣便宜又美味的便當帶走。

Sushi Stop的壽司便宜又好吃

Mitsuwa超市裡很多便宜又好吃的便當

Furaibo拉麵

Hide Sushi可能是洛城最好且最傳統的日本壽司店

♥ 讓美食控興奮不已的義大利市場

Eataly L.A

✉ 10250 Santa Monica Blvd, Los Angeles, CA 90067

☎ +1 (213)310-8000

🕐 週一～四 10:00～22:00，週五10:00～23:00，週六09:00～23:00，週日09:00～22:00

💲 各分店不一

➡ 公車4、16、28、318；開車FW101、405

🌐 www.eataly.com

🗺 P.110(世紀城購物中心內)

午餐的義大利麵

有不少乾貨和火腿

在義大利和全世界擁有35家分店的Eataly，2017年11月在世紀城購物中心內，開了它在洛城的唯一一家分店，一開業就成為全城美食愛好者的寵兒。這個集市場、咖啡店、餐廳，以及甜品店的購物餐飲場所，巧妙地將色香味和空間結合在一起，呈現一體的流動性，設計感十足。

不過，披薩、奶酪、各色火腿和燻肉，雖然在視覺上很誘人，但價格也不便宜，例如在La Pizza & La Pasta's吃一頓簡單的義大利麵配

沙拉套餐，一個人也要$19。但來到這裡仍不枉此行，義大利咖啡、冰淇淋、奶酪和進口的義大利酒，總有你想要品嘗的，也絕對有你想要看的，學網紅拍照留念，已經成了在這裡打卡的一個最好理由。

Flat Bread的賣相很好

各色手工製作的義大利麵

頂層有環境很好的戶外餐廳和酒吧

Eataly L.A的入口

濱海城市區
BEACH CITIES

著名印象

瑪麗皇后號

蓋蒂別墅

3街行人徒步區

SANTA MONICA
66
End of the Trail

66號公路
終點站

概況導覽

加州是美國50州裡面,擁有第三長海岸線的州,約1,350公里(台灣環島海岸線長約1,200公里),而南加州因為終年陽光充裕,不論哪個季節到海邊都是享受,造就沿海發展出一座座美麗又各具特色的城市。你說海灘不就是那樣,沙子和海啊,可是要我說,洛杉磯每座海灘還真的都不一樣,完全可以看心情或目的決定今天要去哪!

舉例來說,有朋友來玩一定要去聖塔莫尼卡,搭摩天輪再逛街,so LA!想看豪宅或衝浪型男,就到馬里布,順便去Geoffrey's吃早午餐,說不定會遇到小勞勃道尼跟我say Hi!今天想走文青風順便認識時下最IN行頭,去威尼斯海灘準沒錯!想在高端時尚的海灘浪漫散步或用餐,就挑曼哈頓海灘;一群朋友約吃便宜又大碗的超新鮮海產,除了雷東多海灘,想不出還有哪裡更適合!停靠長堤港的瑪麗皇后號很值得參觀;再往南的橙縣海灘得稍後介紹,因為你看看,光這些是不是已經夠讓人期待認識了呢?

威尼斯海灘

馬里布碼頭

MALIBU FARM

IF YOU ARE
SITTING UPSTAIRS
PLEASE UNTIL YOUR
...

Reservation only

聖塔莫尼卡
碼頭摩天輪

威尼斯運河區

行家才知道

南加海水溫度四季都偏冷

因為流經的加利福尼亞洋流是從北邊加拿大開始,沿北美洲西海岸往南到墨西哥匯入赤道洋流,這股寒冷洋流讓南加州海水溫度比同緯度的美東地區要低,大量湧昇流更將較冷的中層海水帶到海面,因此此南加州海域常會有霧,造就加州沿海特有的地中海型氣候;湧昇流也讓海水富含養分,使南加州海域成為大量鯨魚、海鳥等海洋動物的良好棲息漁場。

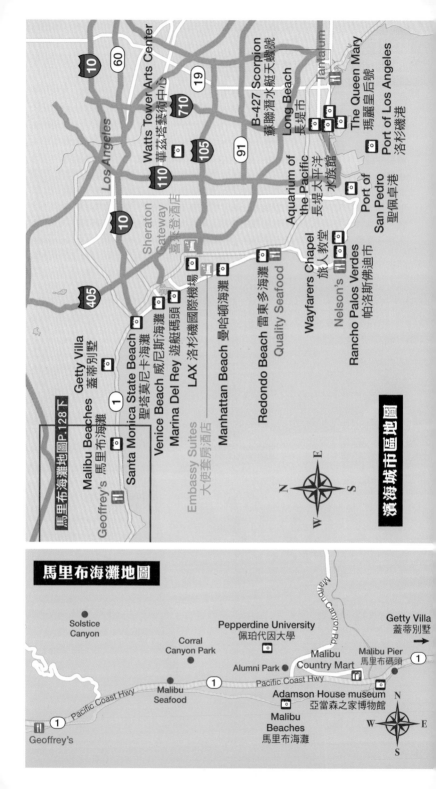

馬里布海灘地圖

Solstice Canyon

Corral Canyon Park

Pepperdine University
佩珀代因大學

Malibu Canyon Rd

Getty Villa
蓋蒂別墅
→

Alumni Park

Malibu Country Mart

Malibu Pier
馬里布碼頭
(1)

Pacific Coast Hwy

(1)

Malibu Seafood

Adamson House museum
亞當森之家博物館

Malibu Beaches
馬里布海灘

(1) Pacific Coast Hwy

Geoffrey's

N W E S

---

10 60

Watts Tower Arts Center
華茲塔藝術中心

19

710

B-427 Scorpion
蘇聯潛水艇天蠍號

The Queen Mary
瑪麗皇后號

Los Angeles

105

91

Long Beach
長堤市

Port of Los Angeles
洛杉磯磯港

110

Aquarium of the Pacific
長堤太平洋水族館

Port of San Pedro
聖佩卓港

10

Sheraton Gateway
喜來登酒店

405

Wayfarers Chapel
旅人教堂

Nelson's

Rancho Palos Verdes
帕洛斯佛迪市

LAX 洛杉磯國際機場

Redondo Beach 雷東多海灘

Quality Seafood

Manhattan Beach 曼哈頓海灘

Marina Del Rey 遊艇碼頭

Venice Beach 威尼斯海灘

馬里布海灘地圖P.128下

Malibu Beaches
馬里布海灘

Getty Villa
蓋蒂別墅

Geoffrey's

(1)

Santa Monica State Beach
聖塔莫尼卡海灘

Embassy Suites
大使套房酒店

濱海城市區地圖

N W E S

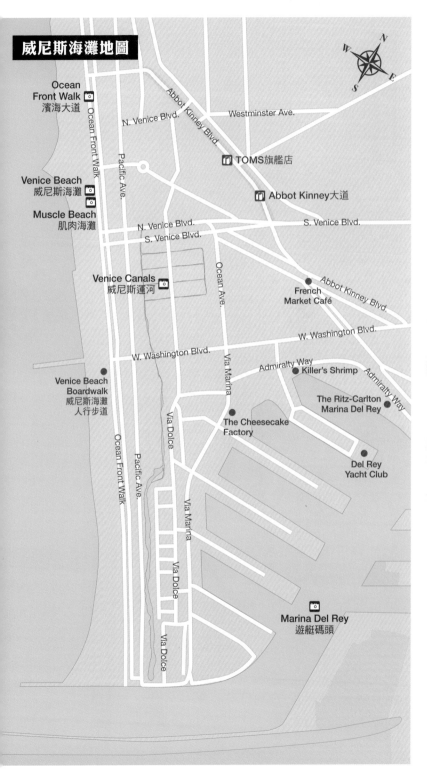

威尼斯海灘地圖

Ocean Front Walk 濱海大道

Ocean Front Walk

N. Venice Blvd.

Abbot Kinney Blvd.

Westminster Ave.

Pacific Ave.

TOMS旗艦店

Venice Beach 威尼斯海灘

Abbot Kinney大道

Muscle Beach 肌肉海灘

N. Venice Blvd.

S. Venice Blvd.

S. Venice Blvd.

Venice Canals 威尼斯運河

Ocean Ave.

French Market Café

Abbot Kinney Blvd.

W. Washington Blvd.

W. Washington Blvd.

Via Marina

Admiralty Way

Killer's Shrimp

Venice Beach Boardwalk 威尼斯海灘 人行步道

Admiralty Way

The Ritz-Carlton Marina Del Rey

Via Dolce

The Cheesecake Factory

Del Rey Yacht Club

Ocean Front Walk

Pacific Ave.

Via Marina

Via Dolce

Marina Del Rey 遊艇碼頭

Via Dolce

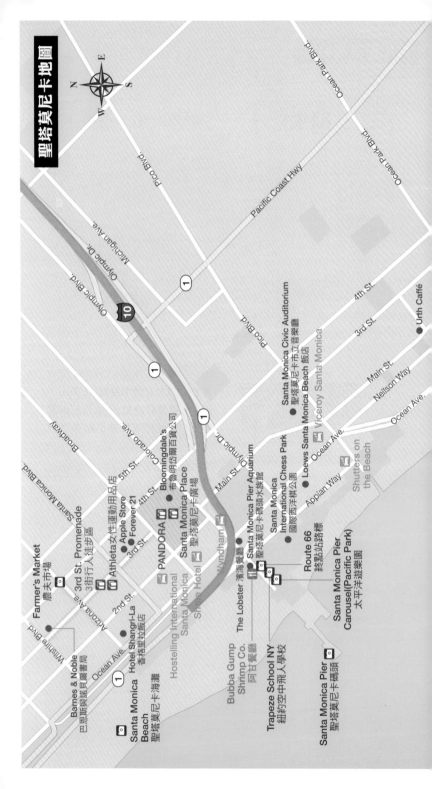

聖塔莫尼卡地圖

熱門景點

豔陽照耀下的加州最經典海灘

聖塔莫尼卡海灘
Santa Monica Beach

- 🕐 全年開放
- 💲 免費
- 🚌 公車20、720；開車FW10
- 🌐 www.santamonica.com
- ⓘ 海灘全面禁菸
- 🗺 P.130

我想很難有人沒聽過聖塔莫尼卡響噹噹的名聲吧！光是熱門電影出鏡率，像是《加州大地震》(San Andreas)、《阿甘正傳》(Forrest Gump)、《鋼鐵人》(Iron Man)和《2012》⋯⋯都曾在這裡取景，有印象了嗎？

沙灘上很多身材養眼的比基尼辣妹

假日人潮總是滿到爆炸

人潮雖多，但定期會有義工淨灘活動

我喜歡這裡的白金色沙灘和湛藍海水，雖然觀光客永遠爆滿，但是看著小孩玩水，情侶牽手散步，人們大方展現身材(在美國，有自信就是好身材)，帥哥打沙灘排球，辣妹拉下比基尼趴著做日光浴，還有海鷗悠閒漫步，一切都好自然、好舒服，真是免花錢的超級享受！

知識充電站

成為運動發源地的人氣海灘

聖塔莫尼卡是沙灘排球(Beach Volleyball)和單槳衝浪板(Paddleboard)兩項運動發源地，也是少數幾個可以釣魚的海灘；它的受歡迎程度除了常成為電影、電視取景地點，我很喜歡的一個老牌樂團《野人花園》(Savage Garden)也曾為它譜過1首膾炙人口的好歌，就叫《Santa Monica》，歌詞貼切描寫出走在聖塔莫尼卡街上的情景，讓我有時候走著走著就忍不住哼起它的旋律。

沙灘上的十字架(Arlington West Memorial)

如果在週日白天前往，會發現碼頭北邊沙灘上全部都是白色十字架，4,000多個十字架代表在伊拉克戰爭中為國捐軀的美軍英雄；活動目的是希望喚醒人們對戰爭的重新認識，鼓勵反戰與對軍人更加尊敬的意識。

有蓋國旗的棺木代表上週才殉職

上百部電影裡的浪漫摩天輪
聖塔莫尼卡碼頭
Santa Monica Pier

- 🕐 遊樂園週一～四11:00～23:00,週五11:00～翌日00:30,週六10:00～翌日00:30,週日10:00～23:00,碼頭其餘地區全年免費開放
- 💲 遊樂設施單項、單次約$1起
- ➡️ 同P.131聖塔莫尼卡海灘
- 🌐 www.santamonica.com
- ❓ 全面禁菸
- 🗺️ P.130

建於1909年的聖塔莫尼卡碼頭,堪稱洛杉磯經典地標之一,木造碼頭從科羅拉多路(Colorado Ave)一直延伸到太平洋海面上,是漫步、釣魚和看海的好地方;中高價位的海景餐廳與販賣各式紀念品的店家占據碼頭兩旁,中間則有一些小攤商,穿插街頭藝人表演,逛起來感覺相當熱鬧。碼頭上人氣最旺的地方就是遊樂園「Pacific Park」,共有11項遊樂設施,入場不用門票,採單項、單次收費,其中最大亮點莫過於100英呎高的太陽能摩天輪,搭上去就像飄在大海上空俯瞰太平洋,景象美到令人屏息,不過美國摩天輪的速度都偏快,有懼高症的人可能現場要再斟酌個人膽量。另外也很刺激的還有雲霄飛車,雖然看上去規模略小,卻是美西唯一擁有無敵海景的鋼鐵製雲霄飛車喔!

多才多藝的街頭藝人期望被挖掘

電影《阿甘正傳》(Forrest Gump)海鮮主題餐廳

碼頭上的摩天輪是明信片經典取景角度

Beach Cities

來當空中飛人！

玩家交流

紐約最有名的空中飛人學校(Trapeze School NY)在聖塔莫尼卡碼頭上開課了！我曾為了採訪親自嘗試，是說我也不是馬戲團出身，卻花20分鐘聽教練講解後，就繫上安全索上陣！通常學生在鞦韆上擺動一次安全降落就算成功，但教練讚我太有天分，居然加碼教我雙人鞦韆，結果我還真的一次就順利飛到對面空中，跟教練互接合體，這個既刺激又有趣的超現實經驗，至今還深深烙印在我腦海中呢！

接受現場報名的2小時特訓課程

各遊樂設施單獨買票的樂園

知識充電站

簡易版雲霄飛車不減刺激度

浪漫約會勝地

母親之路(Mother Road)

碼頭上有座66號公路(Route 66)路標，這條公路可是老美心目中最具歷史意義的「母親之路」，因為它是第一條由美國中西部開到太平洋的公路，從東岸芝加哥一路穿過8個州來到西岸的洛杉磯，總長3,945公里，而終點站就位在聖塔莫尼卡碼頭。

66號公路有專門的紀錄與研究

年齡層偏青春洋溢的海灘

威尼斯海灘
Venice Beach

🕐 全年開放
💲 免費
➡️ 開車FW405
http www.venicebeach.com
⁉️ 部分店家禁止拍照，要拍建議先詢問
MAP P.129

從濱海大道可一路走到聖塔莫尼卡

說人家怪咖不禮貌，他們只是徹底落實做自己的人生快樂準則，抱著尊重心態去看，倒也能從中獲得不少樂趣，而且說不定能激發自己另一面的穿搭靈感。濱海大道(Ocean Front Walk，又稱Boardwalk)上充滿展現個人風格的男女老少，穿著泳裝或潮服在大道上散步、騎自行車、溜冰或溜滑板，許多街頭藝術家直接在沙灘上堆砌沙雕或是提筆素描，店家賣著創意無限的商品，建築外牆繪滿藝術塗鴉；想看陽光男孩這裡很多，除了沙灘上的衝浪男，附近還有座肌肉海灘(Muscle Beach)，放有各種健身器材，完

面海小屋大多開放短期出租

全是露天健身中心，吸引很多猛男在這大秀肌肉，非常養眼；一旁的街頭籃球場(Streetball)，更

行人跟腳踏車分道，不要誤闖

街頭塗鴉是一幅幅藝術傑作

是沒有兩把刷子還沒資格上場，不少NBA球星就在這裡被星探發掘；而有猛男的地方當然有辣妹，她們不分國籍與年齡，大方展現自信身材，成為威尼斯海灘上最美麗的風景。

旅行小抄

威尼斯運河區(Venice Canals)

還記得第一次到這裡是誤打誤撞，意外發現這座恍如世外桃源般的美麗住宅區後，從此列為我想放空時候的口袋名單之一；4條小運河旁盡是豪宅，家家戶戶花草扶疏，門前碼頭停著私人小船，運河上有人悠閒划著獨木舟，享受徐徐微風，這景象好像在哪看過？沒錯，這區就是煙草商金尼(Abbot Kinney)在1905年刻意打造的「美國威尼斯」(Venice of America)，想將義大利水都威尼斯的美麗與浪漫重現南加州，儘管當地房價年年水漲船高，房市仍相當火熱，尤其成為好萊塢明星喜歡置產的新寵兒，鋼鐵人小勞勃道尼(Robert Downey Jr.)就是其中之一。

運河畔豪宅每間都可以當樣品屋

家戶門前都有碼頭和小船

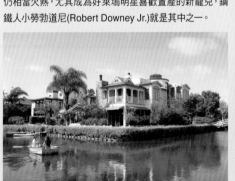
這樣的生活未免太愜意

我覺得洛杉磯最浪漫的住宅區就在這裡

135

有鋼鐵人豪宅的頂級衝浪天堂
馬里布海灘
Malibu Beaches

🕐 全年開放
💲 免費
➡️ 開車PCH1
🌐 www.malibucity.org
❓ 玩水和衝浪各有專屬範圍的海域
🗺️ P.128上&下

馬里布是南加州的好野人除了比佛利山莊以外，最愛居住的城市，面海山壁上一棟棟豪宅令人歎為觀止；《鋼鐵人》(Iron Man)主角史塔克(Tony Stark)的超級豪宅，地址就在10880 Malibu Point，可惜現實世界並沒有這棟豪宅可以參觀(有也被炸爛了)，所以賺飽飽到處置產的小勞勃道尼(RDJ)就自掏腰包在這購置豪宅，跟其他明星一起看海當鄰居。

海岸線長34公里的馬里布，總共有7座海灘，只是大家都以「Malibu Beaches」來統稱，其中衝浪人海

浪漫爆表的最美麗風景

衝浪好手喜歡到這切磋技藝

加州最美的公路
Pacific Coast Highway 1

簡稱PCH 1，是加州72條擁有觀光景點的公路中，唯一獲封「終極公路之旅」美譽的公路。雙線道蜿蜒公路擁抱整條加州海岸線，有沙灘也有懸崖美景，南加州路段又以馬里布這段PCH最美，經常看到高級名車或頂級跑車呼嘯而過；是說能夠在加州藍天豔陽下開著敞篷跑車一路馳騁，吹著舒服海風，欣賞一望無際的大海，人生夫復何求！

照片拍不出親自馳騁公路見到的美

灘(Surfrider Beach)因為浪型完美，被譽為衝浪天堂，也是全球第一個被列為「世界衝浪保護區」(World Surfing Reserve)的海灘。

怎麼拍都有雜誌感的美景↓

Beach Cities

全美6大最佳海灘之一
曼哈頓海灘
Manhattan Beach

Ⓒ 全年開放
💲 免費
➡️ 開車FW405
http www.ci.manhattan-beach.ca.us
❓ 部分停車格僅限20分鐘
MAP P.128上

曼哈頓海域的浪，適合各階衝浪者

又是豪宅區！被喻為男性時尚聖經的《GQ》雜誌將其評選為全美6大最佳海灘，濱海別墅價位$300萬起跳，高級跑車與俊男美女出沒比例相當高，最大優點是沙灘旁就有酷炫餐廳可

夕陽西下後的曼哈頓海灘更精采

挑哪間餐廳？看人潮就知道

以享用美食，拿著衝浪板的帥哥邂逅比基尼辣妹，這畫面不是拍電影，而是每天在曼哈頓海灘上演的場景。

大啖新鮮海產的好去處
雷東多海灘
Redondo Beach

Ⓒ 全年開放
💲 免費
➡️ 開車FW405
http www.redondopier.com
❓ 此區海水較濁，不適合戲水
MAP P.128上

龍蝦吃不夠還可以再另外買

最出名是每年9月登場的龍蝦嘉年華(Lobster Festival)，買張門票就可以吃到1.25磅重的新鮮肥美大龍蝦，飽滿彈牙的龍蝦肉一定要沾融化的奶油，大口咬下，吃完保證回味無窮！另外也有很多人喜歡到碼頭放風箏、騎腳踏車，算是比較偏陸上活動的海灘。

碼頭上的餐廳有尚青ㄟ海鮮

→碼頭上餐廳、商家林立，很好逛

馬里布海灘・曼哈頓海灘・雷東多海灘

太平洋海邊的精美老宅

亞當森之家
博物館

Adamson House museum

老宅背面

Ⓒ 23200 Pacific Coast Hwy, Malibu, CA 90265

☎ +1 (310)456-8432

Ⓒ 週三～六 11:00～15:00

$ 成人$7、6～16歲$2，5歲以下免費

➡ 開車FW1

http www.adamsonhouse.org/visit.phps

MAP P.128下

老宅後院的風景

沿著1號公路一邊開車一邊欣賞美景，在經過這座亞當森之家博物館時，記得一定要停下來參觀。這座西班牙式的老宅建於1929年，曾經屬於Ringe家族名下，現在是一間博物館。這座老宅雖然和馬里布棧橋距離很近，走路就到了，但這裡的風景卻自有一番情調。

老宅上精美的馬里布磁磚，讓人不得不感嘆當年富人的一擲萬金，花園的陰柔小徑，以及老宅旁鳥類棲息的濕地風景，都讓來訪者不由自主地停下來，靜靜體會這個世外桃源。不妨也進入老宅裡，參觀這裡獨特的收藏品，再到後院眺望不遠處的棧橋和海景，一定會讓你不虛此行。

全美風景最美的大學

佩珀代因大學
Pepperdine University

Ⓒ 24255 Pacific Coast Hwy, Malibu, CA 90263

☎ +1 (310)506-4000

Ⓒ 全年開放

$ 免費

➡ 開車FW1

http www.pepperdine.edu

MAP P.128下

坐落在馬里布海邊山上的佩珀代因大學，多年來一直被認為是全美最美麗大學之一。學校沒有圍牆，全年開放，遊客如果駕車，不妨開到學校的山頂上一覽美景，這裡不僅綠樹環繞、綠草如茵，還有廣闊的視野，一望無際的海景，難怪不少好萊塢明星和富人都將孩子們送入這裡唸書。

佩珀代因大學山上的風景如同明信片

融入海天與自然的絕美玻璃空間

旅人教堂
Wayfarers Chapel

📧 5755 Palos Verdes Dr. S., Rancho Palos Verdes, CA 90275

📞 +1 (310)377-1650

🕐 每天09:00～17:00

💲 免費

➡️ 必須開車，從PCH 1轉Palos Verdes Dr. S就可抵達

🌐 www.wayfarerschapel.org

❓ 如果遇到婚禮，切勿拍照打擾

🗺 P.128上

教堂外是美不勝收的湛藍海景

濱海有座帕洛斯佛迪市(Rancho Palos Verdes)，是純豪宅區與頂級度假飯店區，非住戶不太會進去，但藏身其中濱海懸崖處的「旅人教堂」，或俗稱的玻璃教堂，是一座規模雖然小，景致卻足以撼動人心的美麗教堂；設計師萊特(Lloyd Wright)利用大片玻璃將整片海景與周遭樹林景致，很自然地納入成為教堂一部分，讓教堂一天當中與一年四季都呈

別具特色的海景教堂

大量紅木作主結構建材

現不同風貌，難怪成為許多新人心目中夢幻的婚禮會場。

用玻璃將大自然元素融入教堂

許多人在此留下畢生浪漫回憶

太平洋岸的絕美古羅馬莊園
蓋蒂別墅
Getty Villa

✉ 17985 Pacific Coast Hwy, Pacific Palisades, CA 90272
📞 +1 (310)440-7300
🕐 週三～一 10:00～17:00，週二休館
💲 免費
➡️ 開車 PCH1
http www.getty.edu
❓ 務必上網預約參觀時段
MAP P.128上

與蓋蒂中心一樣，免費開放參觀

維納斯女神

前面提到我大力推薦的景點之一是蓋蒂中心(P.114)，另外就是絕美馬里布海岸線旁的蓋蒂別墅！雖然它們都展示石油大亨蓋堤的收藏品，但2處建築風格和展出藝術品

別墅內處處是精緻華美的藝術品

建築細微處也頗講究

卻截然不同；別墅以研究古希臘、古羅馬和伊特魯利亞(Etruria，義大利中西部古國)的藝術文化為主，共有

被譽為現代最美麗的古羅馬莊園

銅像雕塑、噴水池、灌木與羅馬人家常種花卉，是別墅裡的主要元素

常有攝影課學員到這取景練習

44,000多個從西元前6,500到西元400年間的藝術珍品，讓人看了大呼過癮。但說來諷刺，蓋堤是因為收藏品太多，原本的家放不下，才在旁邊建造更大的別墅，可是從1974年建成之後，直到蓋堤1976年過世前，他都沒有踏進來過；後來到了2006年，重整後的別墅才以再現古羅馬帝國莊園之姿，正式對外開放。

別墅內的狹長氣派水池是全區焦點，夏天時兩旁葡萄藤架結實纍纍，很有莊園豐腴富饒感；散落各區的美麗噴水池、花園和雕塑品很容易占滿記憶卡容量；後方有座仿羅馬競技場造型的露天劇場，不時會舉辦活動，斜坡上種滿紫色薰衣草，好不浪漫；還有栽種各式香草與果樹的百草園，走在其中多種香氣撲鼻而來，令人神清氣爽。別墅範圍雖大，但巧妙流暢的動線設計，卻讓遊客能充分參觀到建築物內的藝術品，也能走到戶外各個角落，留下美麗倩影。

夏天藤架上結滿葡萄

四季都有不同花卉綻放

出鏡率相當高的莊園一隅

141

參與過二戰的頂級豪華郵輪

瑪麗皇后號
The Queen Mary

✉ 1126 Queens Hwy, Long Beach, CA 90802
📞 +1 (877)342-0738
🕐 每天10:00～18:00
💲 $31
➡ 開車FW710
🌐 www.queenmary.com
❓ 上網購票有多種優惠選擇
🗺 P.128上

被譽為長堤港最美麗一景的瑪麗皇后號，宏偉氣派的船身，一看就是鐵達尼姐妹號；她在1936～1967年間航行於北大西洋，是當時最頂級、最豪華、速度也最快的郵輪。客艙分3種等級，內有多間餐廳、酒吧、交誼廳，還有2座室內游泳池與網球場；最特別的是，瑪麗皇后號是全球第一艘附有猶太教專用祈禱室的郵輪，顯見當時在德國納粹勢力下，英國船艦不予理會種族歧視的魄力。隨後在二戰期間，瑪麗皇后號獲徵召作為運兵船，航行破千次，在後勤立下大功，退役後永久停

當初鐵達尼號若有足夠救生艇就可免除悲劇

找鬼行程驚嚇指數很高

靠長堤港作為博物館和旅館，也成為南加州熱門旅遊景點。

既是承載上流社會的豪華郵輪，又曾參與血腥戰爭，讓瑪麗皇后號既背負豐富歷史意義，也充滿無數傳奇故事。最基本的導覽可以聽到

旅行小抄

蘇聯潛水艇天蠍號
(B-427 Scorpion)

瑪麗皇后號旁停靠1艘前蘇聯潛水艇天蠍號，它在1994年退役後，由幾位澳籍商人集資買下並改造成博物館，然後從1998年開始放在長堤港展示，原本我對潛水艇沒有特別興趣，但參觀後倒覺得還滿有趣的，畢竟一生難有幾次機會能夠登上潛水艇內部啊！

狹小通道通往狹窄的艦艇上方

潛水艇在瑪麗皇后號旁顯得渺小

Beach Cities

142

玩家交流

濱海城市區——熱門景點　瑪麗皇后號

不要錯過華茲塔藝術中心(Watts Tower Arts Center)

　　華茲塔藝術中心的17座塔，是由一名名為Saboto Rodia的義大利移民建築工人徒手而建，從1921~1954年，歷時33年，至今無人知道原因。現在這些高聳的塔已經成為很多好萊塢電影的取景地，其中奧斯卡獲獎影片《愛樂之城》(La La Land)也在這裡取景，是不少洛城影迷們的必玩之地。

✉ 1727 E 107th St, Los Angeles, CA 90002美國
http www.wattstowers.org
MAP P.128上

最高的塔高達 30.3米

建築用的材料多為瓶子、瓦片和玻璃

郵輪歷史背景，參觀船長室、水手休息室、引擎機房等重地，膽子大的還可以參加鬼魂傳說(Ghosts & Legends)行程，跟導遊走遍船上所有鬧鬼地方，親自感受是否有靈體存在，我參加過1次，嚇出一身冷汗。還有每年國慶日可以在甲板上看長堤港放煙火，萬聖節則會布置成鬼船，舉行盛大猛鬼派對，此外尾端甲板上也有舉辦婚禮的小教堂，據船長說，特別受到海軍新人們的青睞呢！

郵輪上的吧台區是熱門社交場合

國慶日可以在郵輪上等看煙火

1967年起永久停靠長堤港的瑪麗皇后號

百逛不膩的行人徒步購物天堂
3街行人徒步區
3rd St. Promenade

✉ Wilshire Blvd～Broadway之間的3rd St路段
🕐 店家多從11:00～22:00
💲 視個人預算
➡ 公車1、4、7、8、534、720、R7、R10；開車FW10
🌐 www.downtownsm.com
🅿 旁邊2nd St.有多棟大型公有停車場
🗺 P.130

這是來到聖塔莫尼卡海灘區必逛的地方，但是你一定不敢相信，這條乾淨、現代又時尚的行人徒步區購物街，早在1960年代就已經規畫完成，卻到1989年才正式定

人氣始終不衰的逛街勝地

常有高水準街頭藝人表演

這裡是超級戰區，餐廳評價自然不低

名，並迅速成為全美最出名的購物街之一，每年到訪人數破千萬，從當地人到觀光客統統很愛來。全長僅0.5英里的露天行人徒步區，乾淨寬敞又舒適，兩旁有近百家商店，都是很好下手也很熱門的品牌，不時穿插一些餐廳，多以美式和義式料理為主；徒步區中間常可見到街頭藝人表演，圍觀拍照都可以，但適時給點小費作為鼓勵，能讓更多人享受到同樣美好的逛街福利喔！

旅行小抄

南加州規模最大農夫市場
(Farmers' Market)

每逢週三和六的上午，這裡會封街舉辦農夫市場，各攤位只賣南加州當地生產的最高品質生鮮蔬果與肉畜海鮮，因此吸引許多知名主廚或美食業者來這精心挑選食材。
✉ 2nd St和4th St間的Arizona Ave.
🕐 週三08:30～13:30，週六08:30～13:00

農夫市場攤商常大方提供試吃

♥ 熱門中高價位精品聚集

聖塔莫尼卡廣場
Santa Monica Place

✉ 395 Santa Monica Pier, Santa Monica, CA 90401
📞 +1 (310)260-8333
🕐 週一～六10:00～21:00，週日11:00～20:00
💲 視個人預算
🚌 公車1、2、3、4、8、9、704；開車FW10
🌐 www.santamonicaplace.com
🗺 P.130

一度沒落，整修後重現盛況

頂樓用餐區戶外座位可以看海

　　圓弧狀建築有3層樓高，品牌偏中高價位，精品如LV、Burberry、Emporio Armani和Tiffany & Co.都有，台灣近幾年很夯的首飾品牌PANDORA也有，收集墜子的話在美國買便宜許多，款式也更多。

聖塔莫尼卡銷售稅略高，要9.5%

♥ 女孩專屬的運動品牌

Athleta

✉ 1318 3rd St. Promenade, Santa Monica, CA 90401
📞 +1 (310)393-3040
🕐 週一～六10:00～20:00，週日11:00～19:00
💲 $10起
🚶 同P.144 3街行人徒步區
🌐 www.athleta.gap.com
🗺 P.130

南加州很多地方都有分店

　　美國最大平價服飾集團GAP旗下新品牌，強調專為都會女生或女性職業運動員設計各類運動服飾，

　　讓女孩們在做有氧、慢跑、瑜珈或是游泳時，穿上的衣服能兼顧運動效能與個人時尚品味，運動時也能美美的。

衣服質料佳，排汗功能也好

一起運動雕塑健康體態吧

中庭綠蔭處有很舒適的用餐區　　　　　　　幾乎是純白人的逛街環境

加州時尚風品牌與設計師小店

Malibu Country Mart

✉ 3835 Cross Creek Rd., Malibu, CA 90265
📞 +1 (310)456-7300
🕐 店家多為11:00～18:00
💲 視個人預算
🚌 公車534；開車PCH 1
🌐 www.malibucountrymart.com
🗺 P.128下

有些很有味道的設計師小店

洛杉磯人最愛簡單又具設計感風格

　　從馬里布碼頭(Malibu Pier)往西2分鐘車程右轉進去，就抵達這個只有內行人才知道的逛街好所在，我喜歡它是因為整體環境少了商業匠氣，品牌小店與扶疏花木讓購物空間既愜意又舒服，加上知道的人不多，連週末也不會遇上逛街人擠人的困擾，唯一缺點就是大眾化品牌並不多。

　　說起進駐品牌，大多都屬設計師名店，商品皆以展現洛杉磯自然

中帶有個性、休閒卻也性感，還有隨性又不失優雅的獨特時尚品味為主，這樣的穿衣風格有個特別名稱，就叫「加州時尚風」(CA Chic)，雜誌上的好萊塢影星名媛最愛如此穿搭，你也喜歡這樣的風格嗎？來這走一趟會有不少打扮靈感喔！

旅行小抄

洛杉磯必買配件

1. 太陽眼鏡：主要為了遮擋刺眼的加州陽光，挑副時尚型款，戴上去立刻有明星般的氣勢。
2. 草帽：文青、雅痞不可或缺。
3. 比基尼：百變豐富又漂亮，多挑幾件未來度假用得上。
4. 夾腳拖鞋：洛杉磯人非常愛穿夾腳拖趴趴走，挑對款怎麼穿都隨性有型。

爸媽逛街之餘也能順便遛小孩

要潮也要做愛心

至今已捐4千5百
多萬雙鞋到70國

玩家交流

深受歡迎的慈善休閒鞋TOMS旗艦店兼起源店就在Abbot Kinney大道，但它不只賣鞋，更是間咖啡館，露天庭院座位區很有波西米亞隨性風格，冬天坐在火爐旁喝杯咖啡，無比愜意！TOMS是旅遊家Blake Mycoskie在阿根廷某貧窮村莊看到小朋友沒鞋穿，返美後就以阿根廷Alpargata（西班牙文的麻製帆布涼鞋）為品牌設計理念，並推動「1 for 1」慈善活動，就是你買1雙，店家就捐1雙新鞋給貧窮地區小朋友。

✉ 1344 Abbot Kinney Blvd., Venice, CA 90291
http www.toms.com

一杯好咖啡讓人文思更泉湧

♥ GQ評選「全美最酷的街」
Abbot Kinney大道

✉ Westminster Ave～Venice Blvd之間的
　 Abbot Kinney Blvd路段
🕐 店家多為11:00～20:00
💲 視個人預算
➡ 公車1；開車FW10
http www.abbotkinneyblvd.com
MAP P.129

　　根據男性時尚聖經《GQ》雜誌最新評選，當今美國最IN、最潮的街區(The Coolest

充滿設計風的
單品很好找

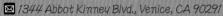

挖寶復刻版好物，但要價偏高

Block in America)不再是紐約蘇活區或舊金山嬉皮區，而是洛杉磯威尼斯的Abbot Kinney大道！短短1英里聚集100多間時裝潮店、獨立設計師品牌店、藝廊、特色咖啡館

與酒吧，吸引無數雅痞、文青和潮男潮女來此朝聖，舉凡當期各大時尚雜誌上的單品，這裡幾乎都找得到，就算只逛不買，也有時尚敏銳度和穿搭功力大增的感覺。

店家商品大多充滿文青潮流氣息

特色咖啡館林立一條街

特色餐飲

💙 坐擁無敵海景的五星級美味

Nelson's

✉ 100 Terranea Way, Rancho Palos Verdes,
   CA 90275
📞 +1 (310)265-2702
🕐 週日～四11:00～21:00，週五～六11:00～
   22:00
💲 $20～$40
➡ 同P.139旅人教堂
🌐 www.terranea.com
❓ 建議預約
MAP P.128上

墨西哥玉米
片佐新鮮酪
梨醬

屬於帕洛斯佛迪市
(Rancho Palos Verdes)內，
濱海奢華度假村Terranea
Resort餐廳之一的Nelson's，算是價
位較為親民一點的五星級料理，不
過景致和美味完全不打折扣。室內
有很大的用餐空間與吧台，但是都
來到濱海飯店了，當然要坐在戶外
座位區好好享受加州陽光啊！

在這不論喝酒、喝飲料還是氣泡水，都很享受

Nelson's提供餐點以加州輕食
為主，數十種現釀現賣的微釀啤
酒(Microbrew)與招牌雞尾酒是最
大賣點，挑個週末預約用餐，坐在
濱海懸崖邊吹海風、曬太陽、喝美
酒、品美食，不論是跟三五好友來
談天說地，還是帶著
心愛的另一半來
個浪漫約會，都
是無價享受呢！

↓一口咬下驚為天人的蟹餅潛艇堡

吃得到海
洋香氣的
海鮮盤

頗負盛名的奢華度假村Terranea Resort

富豪名流最愛的早午茶餐廳

Geoffrey's

✉ 27400 Pacific Coast Hwy., Malibu, CA 90265
📞 +1 (310)457-1519
🕐 週一～五11:30～22:00，週六10:00～22:00，週日10:00～21:00
💲 $50～$80
➡ 公車130；開車PCH 1
http www.geoffreysmalibu.com
❓ 建議先訂位
MAP P.128下

較隱密的座位仍享有海景

干燒智利黑鱸魚佐青醬馬鈴薯泥(Pan Seared Chilean Sea Bass)

坐擁馬里布得天獨厚無敵海景的Geoffrey's，是由國際建築界泰斗紐察(Richard Neutra)親自操刀設計，自1948年開幕以來，始終是政商名流首選用餐場所之一，前美國總統甘迺迪(John F. Kennedy)與性感女神瑪麗蓮夢露(Marilyn Monroe)都曾是座上嘉賓；現在這裡的顧客依循往例，不是明星、議員，就是狗仔、記者，還有一對對熱戀中願意花錢買浪漫的甜蜜情侶。

經過精心設計，餐廳內每個位置都能欣賞到全景式海景，加州菜系口味則讓老饕都豎起大拇指說讚；值得一提的是，Geoffrey's雖然價位偏高，但也充分運用自身在上流社會的名氣，經常舉辦慈善募款餐會，所得款項捐贈給慈善醫療單位，或用來幫助貧困社區孩童有更多機會可以接受教育，堪稱景美心也美的餐廳表率。

所費不貲的餐點看來都格外好吃，此為培根奶油淡菜(Sautéed Maine Mussels)

149

♥隨性自在享用現點現做海鮮料理
Quality Seafood

✉ 130 International Boardwalk, Redondo Beach, CA 90277
📞 +1 (310)316-8782
🕐 週一～四10:30～19:00，週五～日09:30～19:30
💲 $20～$40
➡ 公車130；開車PCH 1
http www.qualityseafood.net
❓ 海鮮多為時價，點餐前先詢問
MAP P.128上

標價多為當天批發價，較餐廳便宜許多

如果你以為在洛杉磯吃海鮮就得去「貴鬆鬆」的海景餐廳，那可就大錯特錯，這裡也是有便宜又大碗的海鮮餐廳可以選擇啊！其中最著名的就是位於雷東多海灘(P.137)的Quality Seafood，特色是以提供當令生猛海鮮及產地直送的生蠔、龍蝦等上等水產聞名南加州，點菜方法很像台灣北海岸的富基漁港，顧客當場挑選活蹦蹦還在跳的食材，交由店家立刻大火料理，雖然沒有漂亮擺盤，座位區也只有鋪報紙在桌上隨性用手吃，但現點現做的美食保證吃得到海洋鮮甜，而且人越多可以點越多道料理一起分享，平攤下來價錢也越划算喔！

人多一起來可以吃更多更過癮

料理方式很豪邁，旨在吃出海鮮原味

假日常常一位難求

♥亞洲風味的碼頭休閒餐廳

▌Tantalum

✉6272 E Pacific Coast Hwy # J, Long Beach, CA 90803
☎+1 (562)431-1414
◎週一~五11:30~23:00，週六10:00~23:00，週日10:00~21:00
💲主菜$12起
➡開車FW1
http www.tantalumrestaurant.com
MAP P.128上

從吧台看到的碼頭風景

　　看膩了海景，吃膩了海鮮，不妨坐下來喝杯雞尾酒，吃點亞洲口味的菜式，欣賞一下洛城的遊艇碼頭，位於長堤的Tantalum就是這樣一個好去處。這裡的選擇從漢堡、墨西哥捲餅，到牛排、麵條，應有盡有，算是洛城一處將亞洲融合菜(Asian Fusion)特色發揮得不錯的餐廳。除了菜式，酒品的種類也很多，特別推薦這裡的荔枝馬丁尼，酸甜爽口，應該是女士們的最愛。

　　值得一提的是這裡吃飯的氣氛，餐廳的裝飾很有亞洲風味，但布局和氛圍卻很美式，座位區很多，有休閒區、吧台，也有正式的餐飲區，晚上還有現場音樂表演，坐在餐廳裡，可以透過大窗瞭望遊艇碼頭的風景，真的是別有一番風味。

荔枝馬丁尼相當爽口

日本豆麵醬裏鯕鰍魚(Miso Caramelized Mahi Mahi)

芒果冰淇淋做得也很精美

吃完飯不妨到餐廳外散步，看看碼頭的景色

餐廳內的裝飾東西合璧

格蘭岱爾與帕薩迪納

概況導覽

位於洛縣北區的格蘭岱爾市，是僅次於洛杉磯市(P.44)與長堤市的洛縣第三大城，裡面有全美最大的亞美尼亞裔(Armenian)社區，還有與葛洛夫購物中心(The Grove)(P.120)同一體系的亞美利康納露天購物中心(The Americana at Brand)，相當好逛；西南邊緣的格里斐斯公園(Griffith Park)山上除了有著名的好萊塢大字標誌(P.71)，深受當地人和觀光客歡迎的格里斐斯天文台(Griffith Observatory)，則因為近年《變形金剛》(Transformers)在此拍攝，更為聲名大噪。

格蘭岱爾市東邊的帕薩迪納市(Pasadena)，是座偏保守而富裕的城市，在國際上最出名的是每年元旦登場的玫瑰花車大遊行，還有工科領域頂尖的加州理工學院也在這裡，想走知性藝文路線的旅遊嗎？這一區不會讓你失望。

元旦玫瑰花車大遊行

著名印象

玫瑰碗體育館

亞美利康納露天購物中心

炒優格冰淇淋

GLENDALE & PASADENA

加州理工學院

玫瑰宮

格里斐斯天文台

行家
才知道

隱身在倉庫的美食天堂

帕薩迪納舊城區有一處鮮為人知的美食區Indiana Colony，集合幾間頗具特色的餐飲店，我喜歡到專賣鹹甜派點的The Pie Hole外帶伯爵紅茶派，再到Intelligentsia點杯拿鐵，坐在紅磚與木桌構築的空間裡，細細品嘗咖啡與派點，度過閒適午後；天熱時我會到Pressed Juicery買杯低溫榨取鮮果汁，或到Coolhaus來客冰淇淋三明治，吃飽喝足後繼續逛街。

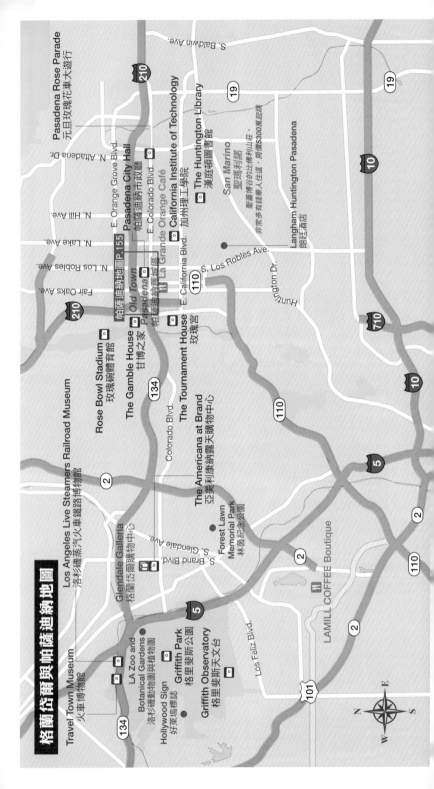

格蘭岱爾與帕薩迪納地圖

Travel Town Museum
火車博物館

Los Angeles Live Steamers Railroad Museum
洛杉磯蒸汽火車鐵路博物館

Pasadena Rose Parade
元旦玫瑰花車大遊行

Rose Bowl Stadium
玫瑰碗體育館

Pasadena City Hall
帕薩迪納市政廳

The Gamble House
甘博之家

E. Orange Grove Blvd.

E. Colorado Blvd

Old Town Pasadena
帕薩迪納舊城區

帕薩迪納地圖 P.155

La Grande Orange Café
La Grande Orange 餐廳

California Institute of Technology
加州理工學院

The Huntington Library
漢庭頓圖書館

San Marino
聖瑪利諾
聖蓋博谷的比佛利山莊，
非常多有錢華人住這，房價$300萬起跳

Langham Huntington Pasadena
朗廷酒店

The Tournament House
玫瑰宮

N. Altadena Dr.

S. Baldwin Ave.

N. Hill Ave.

N. Lake Ave.

N. Los Robles Ave.

Fair Oaks Ave.

S. Los Robles Ave.

E. California Blvd.

Huntington Dr.

The Americana at Brand
亞美利康納露天購物中心

Colorado Blvd.

S. Glendale Ave.

Glendale Galleria
格蘭岱爾購物中心

S. Brand Blvd.

Forest Lawn Memorial Park
林肯紀念公園

LAMILL COFFEE Boutique

LA Zoo and Botanical Gardens
洛杉磯動物園與植物園

Hollywood Sign
好萊塢標誌

Griffith Park
格里斐斯公園

Griffith Observatory
格里斐斯天文台

Los Feliz Blvd.

帕薩迪納地圖

Courtyard LA
Pasadena / Old Town

E. Holly St.

W. Union St.

E. Union St.

Goorin Bros.
文青必備的帽子   Old Town Pasadena
帕薩迪納舊城區

21 Choices
W. Colorado Blvd.   E. Colorado Blvd.

Jamba Juice

Athleta
女性運動品牌   'Lette Macarons

W. Green St.

S. San John Ave.

S. Pasadena Ave.

S. De Lacey Ave.

Fair Oaks Ave.

S. Raymond Ave.

N. Arroyo Pkwy.

Marengo Ave.

Buca di Beppo
義大利披薩餐廳

Castle
Green
綠色城堡

Ambassador
Auditorium
大使館音樂廳

亞美利康納露天購物中心   帕薩迪納玫瑰花車大遊行

漢庭頓圖書館

格里斐斯天文台
Griffith Observatory

✉ 2800 E. Observatory Rd., Los Angeles, CA 90027
☎ +1 (213)473-0800
🕐 週二~五12:00~22:00，週末10:00~22:00，週一休館
💲 免費
➡ 公車DASH Weekend Observatory；開車FW5
🌐 www.griffithobservatory.org
❓ 山上車位有限，可停山下轉搭接駁車上山
🗺 P.154

晚上10點會關門，山區會封路

公信力十足的旅遊網站——TripAdvisor排名洛杉磯第一景點是蓋蒂中心(P.114)，第二就是格里斐斯天文台；我對天文學沒有特別著迷，但這裡真的太有趣了！館方用淺顯易懂的解說搭配模型，讓各年齡層遊客輕鬆就對複雜的天體運行、潮汐作用、地心引力等等有了基本且清楚的了解，實在厲害，而且免費參觀！

至於要花錢的地方，除了咖啡簡餐，只要花$7就能欣賞巨大行星儀(Samuel Oschin Planetarium)下的星空劇場，看著360度巨型全景投影機映射出9,000多顆星球，隨著現場解說員的溫柔聲調，翱翔在浩瀚銀河蒼穹裡，簡直如夢似幻，是我這輩子看過最難忘的天文劇場。

走出戶外，兩層樓白色建築頂上3個灰色圓頂，很眼熟嗎？這裡就是《變形金剛》(Transformers)裡，柯博文(Optimus Prime)和同伴討論營救大黃蜂(Bumblebee)計畫的地方；話說他們挑這開會還真聰明，因為視野絕佳，東南方是洛市中心，西北方有好萊塢山頭大字，西南方是太平洋，從黃昏夕陽西下看到夜幕低垂的璀璨燈海，不愧是攝影天堂與約會勝地。

人類最早的時鐘－日晷儀　　穹頂底下是巨大行星儀

格里斐斯公園山中的寶地
洛杉磯蒸汽火車鐵路博物館
Los Angeles Live Steamers Railroad Museum

- ✉ 5202 Zoo Dr, Los Angeles, CA 90027
- ☎ +1 (818)934-0173
- ◉ 小火車：週日11:00～15:00；迪士尼農莊：每月第三個週日11:00～15:00
- 💲 小火車$3，迪士尼農莊開放日免費
- ➡ 開車FW134、FW5
- 🌐 lalsrm.org
- 🗺 P.154

陳列在迪士尼農莊的火車模型

乘坐蒸汽小火車穿梭微縮迷你的西部世界

　　深藏在格里斐斯公園(Griffith Park)山中，洛杉磯蒸汽火車鐵路博物館是這裡的一處藏寶地，華特‧迪士尼1950年在這裡建造了一條鐵路，現在已經成為一處蒸汽火車博物館，來到洛杉磯的遊客，如果能帶小朋友來這裡參觀和乘坐小火車，將能讓小朋友們終身難忘。這不是一般的小火車，而是工程師們匠心打造的蒸汽小火車！騎著小火車，穿梭在精緻的美國西部微縮迷你景觀中，彷彿穿越時光，一覽西部世界的風土人情。如果正逢迪士尼農莊免費開放日，大人和小朋友可以一起認識迪士尼農莊的歷史和典故，學習蒸汽、柴油以及電力小火車所使用到的相關科技。

小孩們的火車天堂
火車博物館
Travel Town Museum

- ✉ 5200 Zoo Dr, Los Angeles, CA 90027
- ☎ +1 (323) 662-5874
- ◉ 週一～五10:00～16:00，週六～日10:00～17:00
- 💲 免費，乘坐小火車$2.75起
- ➡ 開車FW134、FW5
- 🌐 www.traveltown.org
- 🗺 P.154

禮品店有很多火車模型

火車博物館的復古味道成為很多攝影愛好者的拍攝勝地

　　距離洛杉磯蒸汽火車鐵路博物館不遠的火車博物館，是為了紀錄並保存洛杉磯火車歷史而建的，因為150年前第一條穿越美國大陸東西兩岸的鐵路就在這裡完成，現在已經成為小朋友們遊玩、舉辦生日派對的好地方。來到這裡的家庭，可以在這裡買到火車模型，還可以乘坐小火車，而不少成年人也愛來這裡與懷舊的火車拍照。

懷舊優雅建築內藏時尚品牌
帕薩迪納舊城區
Old Town Pasadena

✉ S. Pasadena Ave到S. Arroyo Pkwy之間的E. Colorado Blvd
🄲 店家多為11:00～18:00
💲 視個人預算
➡ 地鐵金線Del Mar站；公車10、180、181、260、780；開車FW210
http www.oldpasadena.org
🅿 科羅拉多大道兩邊巷子內有許多公立停車場
MAP P.155

以科羅拉多大道沿線為主軸

過去帕薩迪納算非常白人的高級住宅區，後來漸漸有些有錢華人搬進來，目前仍屬於房價較高、環境也較單純的區域；舊城區客層多為年輕白領階級，建築物上的雕刻很有歐式風情，提醒你這邊商家大約晚上6點就關門，建議下午先來逛，晚上挑間有氣氛的餐廳好好享受。

舊城部分建築雖翻新仍有仿古風情

小巷弄裡常別有洞天

旅行小抄

帕薩迪納市政廳

在帕薩迪納舊城區逛街吃飯之外，不妨到帕薩迪納市政廳(Pasadena City Hall)參觀。這座1927年建成的建築，融合了地中海復興以及西班牙殖民復興風格，是那個時代帕薩迪納最美的建築之一。電影《漫步在雲端》(A Walk in the Clouds)，以及卓別林的《獨裁者》都是在這裡取景。在美劇《生活大爆炸》(The Big Bang Theory)裡，從主角謝耳朵住的公寓還可以看到市政廳的圓形房頂，它已經成了帕薩迪納的象徵。盤旋的樓梯、復古的噴泉，以及光與影相間的長長迴廊，都是攝影師們最喜歡的取景地，如果到這裡散步，時不時會看到正在拍攝婚紗照的新人們。

帕薩迪納市政廳

年度盛事為元旦登場的美式足球賽

號稱地球上最棒跳蚤市場的入場門票

美西最好挖寶的跳蚤市場在此

玫瑰碗體育館

Rose Bowl Stadium

- ✉ 1001 Rose Bowl Dr., Pasadena, CA 91103
- ☎ +1 (626)577-3100
- ◉ 依活動而異
- 💲 依活動而異
- ➡ 公車51、52；開車FW210
- http www.rosebowlstadium.com
- ⁉ 平時不開放；跳蚤市場每月第二個週日
- MAP P.154

1982年成為洛杉磯加大(UCLA)美式足球仙熊隊主場，舉辦過1932、1984年奧運和1994年FIFA世界盃足球決賽等重要體育賽事，但每月第二個週日登場的跳蚤市場(Flea Market)，卻更為人津津樂道。已經40多年歷史的跳蚤市場，無論晴雨都照常開放，2,500多個攤位什麼都賣，什麼都不奇怪，而且又是位在好區，常有奇貨出現，很多室內設計師、藝術家和收藏家都喜歡來這尋寶。

稀奇古怪的東西也有市場

收攤前通常可以喊到超值價錢

旅行小抄

跳蚤市場，收攤前最划算！

跳蚤市場門票依時段不同而異，一般在下午3點後陸續收攤，根據內行人提供的挖寶策略，不要傻傻一大早就進去，除了門票貴，也很難殺價，最好在下午，甚至快收攤前進去，因為很多攤商會為了出清商品而祭出促銷價呢！另外，裡面沒有什麼吃的，如果逛到一半會餓，可以出來覓食後再重新進場，但要記得先請門口管理員在手背上蓋印章，才能再次進入喔！

跳蚤市場門票：

入場時段	票價
05:00～07:00	$20
07:00～08:00	$15
08:00～09:00	$10
09:00後入場	$8

藏書量驚人的鳥語花香仙境
漢庭頓圖書館
The Huntington Library

- ✉ 1151 Oxford Rd., San Marino, CA 91108
- ☎ +1 (626)405-2100
- ⏰ 週三～一10:30～16:30，週二休館
- 💲 平日$23，週末$25
- ➡ 開車FW110、210
- 🌐 www.huntington.org
- ❓ 每月第一個週四免費，但需上網預約
- 🗺 P.154

很值得花時間細細參觀的地方

玫瑰花園有1,200種、約4,000株玫瑰

　　堪稱「聖蓋博谷比佛利山莊」的聖瑪利諾市，原本就是豪宅區，而自1928年對外開放的漢庭頓圖書館，更是豪宅中的豪宅，但它其實並非真的是座圖書館，而是鐵路大亨亨廷頓的家；財力

建築採地中海文藝復興風格

雄厚的他，個人收藏品近600萬件，尤其熱愛藏書，史上第一本活字印刷聖經《古騰堡聖經》(Gutenberg Bible)的11份羊皮紙複本為其中之一，美國開國元老富蘭克林與總統華盛頓、傑佛遜和林肯的手稿等40多萬冊從11世紀到現代的世界珍書，無所不有。

注目焦點

藝術收藏品
Art Collections

　　主屋展館裡滿滿都是18～19世紀的英、法繪畫、雕塑和裝飾品，可以窺見當時亨廷頓夫婦對生活藝術的講究；鎮館之寶是英國肖像及風景畫家Thomas Gainsborough的《藍衣少年》(The Blue Boy)，他用精準顏色描繪出貴族少年身上藍色綢緞的質感和衣紋，被譽為18世紀傑出肖像畫之一。

知識充電站

鐵路大亨亨廷頓
(Henry E. Huntington)
相當有遠見和生意頭腦的企業家亨廷頓，是19世紀加州歷史上的鐵路四巨頭(Big Four)之一，不過他的事業版圖除了覆蓋南加州鐵路外，南加州絕大多數公用基礎建設與房地產也都是他的，資產簡直富可敵國。

禁用閃光燈
參觀室內展覽品時須注意，有些作品雖然可供拍照，但應避免使用閃光燈，以免對年代久遠的藝術品造成傷害。

中式花園
流芳園
Chinese Garden Liu Fang Yuan

「三友閣」旁種松竹梅，寓意高風亮節

中國以外全世界最大的中式古典園林，由50多位蘇州庭園設計師共同打造，別以為它是東施效顰、敷衍了事，館方耗費鉅資從中國運來100多個貨櫃的建築原料，光太湖石就有850多噸，所有參與工匠都是精挑細選的佼佼者，以求模擬出最原汁原味的中式造景。

餐廳賣的都是應景中式餐飲

取名「流芳園」靈感來自曹植《洛神賦》中的詩句「步蘅薄而流芳」，意指步履走過芳草叢，就會飄來陣陣幽香，也重現明代畫家李流芳的山水畫作景致；園林中央是一座大型人造湖，湖畔坐落著水榭、亭台、拱橋、長廊、露窗、怪石與曲橋，綠波湖水邊楊柳依依，園內花木扶疏、風景優美，徹底展現中國園林布局的「移步換景」原則。

5座石橋串連流芳園各區

全園12英畝，人工湖就占5英畝

161

百花齊放的
植物園
Botanical Gardens

占地120英畝的植物園,有十幾座不同主題的世界各地造景花園,包括澳洲花園、亞熱帶花園、香草園、蓮花池、熱帶叢林、棕櫚園、沙漠花園、玫瑰花園、莎士比亞花園……其中山茶花品種數量是全美最多,而人氣最旺、風景如畫的花園,莫過於日本庭園和中式園林「流芳園」(P.161),也是我想極力推薦的花園。

原來仙人掌有5,000多種

園內常可見到會員捐贈的長椅

日本庭園
Japanese Garden

建於1912年,是模仿日本京都最負盛名的龍安寺「枯山水庭園」所建成,小而精緻,極富日式禪意;山頭一棟典雅簡樸的日式木造建築靜靜坐落,手工編織的榻榻米飄著特有蘆葦香,牆上只有簡單字畫,沒有多餘綴飾,我想這就是日本人追求「靜」的生活方式吧!

其中,「忍者庭院」更具禪意,一半是墨色石板路,錯落幾張石椅,另一半是白色碎石礫鋪

亨廷頓夫婦生前最愛的花園

門窗可隨光源與風向彈性調整

成的區塊,藝術家用多爪釘耙在沙上耙出波浪和線條組成的畫,上面幾塊大石周圍是圓圈,我想這設計應該是要提醒人們,學著在簡單中悟出生活智慧和哲理,可惜我慧根不夠,每次只覺得來到這就有一股安定感,很享受當下氛圍,但或許這也是種收穫。

簡單線條蘊含深奧生活哲學

全球頂尖的理工類高等學府
加州理工學院
California Institute of Technology

✉ 1200 E. California Blvd., Pasadena, CA 91125
📞 +1 (626)395-6811
🕐 全年開放
💲 免費
🚌 公車10、177、267；開車FW110、210
🌐 www.caltech.edu
🗺 P.154

校園小而精美

1891年創校，簡稱Caltech，整體學術表現在全美排名前10，尤其物理、行星科學和地球科學領域更位居全美第一，美國太空總署NASA的噴射推進實驗室就由Caltech管理；知名美劇《生活大爆炸》(The Big Bang Theory)，劇中4名天才就有3人在Caltech就職，私人推薦一下，這是部富創意又無厘頭的喜劇影集。

建築多屬古典卻簡潔俐落

感覺裡面都是天才的學校

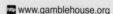
旅行小抄

甘博之家(The Gamble House)

帕薩迪納不乏富豪宅邸，其中有一棟名為「甘博之家」的房子，除了在建築界被列為經典工藝之一，也曾作為電影《回到未來》(Back to the Future)怪博士的家；由於入內參觀要另收門票，我自己並沒有進去過，但根據友人描述，對建築有興趣的人會看出很多心得喔！

✉ 4 Westmoreland Pl., Pasadena, CA 91103　🌐 www.gamblehouse.org　🗺 P.154

獲譽美國藝術工藝建築經典

純木頭製的加州平房(CA Bungalow)

元旦玫瑰花車大遊行

Pasadena Rose Parade

帕薩迪納最負盛名的莫過於年度玫瑰花車大遊行，而背後負責總策畫的玫瑰花車委員會(Pasadena Tournament of Roses Association)，每年都有階段性任務要陸續進行，才能將逼近5億人觀看的遊行完美呈現，主要籌備工作包括：

1. 決定隔年遊行主題(Theme)。
2. 遴選最貼切主題的代表人物作為大禮官(Grand Marshal)。
3. 秋天選出1位玫瑰皇后(Rose Queen)與6位玫瑰公主(Rose Princesses)，組成的玫瑰皇室(Royal Court)必須在元旦登上花車與世人見面，並在未來1年參與150多項公益活動。
4. 前2週，義工與學生開始貼花。

成為玫瑰皇后是許多南加州女孩的夢想

花車上每朵花都由手工貼上

米老鼠也曾擔任大禮官

每年耗費花材上千萬朵

格
蘭
岱
爾
與
帕
薩
迪
納
—
深
度
特
寫

玫瑰宮 (The Tournament House)

玩家交流

洛杉磯的人都知道玫瑰花車大遊行在帕薩迪納舉辦，卻鮮少有人知道這一切都從玫瑰宮誕生，就連帕薩迪納居民也不是人人都知道玫瑰宮的存在呢！說起這棟文藝復興風格的莊園，原為口香糖大亨瑞格里家族(Wrigley Mansion)所有，後來捐贈給帕薩迪納市政府，條件是必須作為玫瑰花車大遊行的永久基地，因為瑞格里夫人生前最愛坐在窗邊欣賞遊行。

瑞格里夫人
Ada Wrigley

被玫瑰簇擁環繞的白色玫瑰宮

↑瑞格里夫人很喜愛日本文化　　溫馨典雅的客廳↑

我有幸在一次深入採訪後，發現新大陸，從此常向人推薦有空一定要來參觀；1樓客廳和起居室布置精緻典雅又舒適，2樓臥室則改建成公主休息室、會議室和遊行相關紀錄展示間，每年2～8月的週四下午2點和3點兩個時段場次，玫瑰宮會免費開放參觀，不需要預約，直接進去就可以。

✉ 391 S. Orange Grove Blvd., Pasadena, CA 91105
http www.tournamentofroses.com　MAP P.154

5.前2晚，大型拖板車陸續將花車運到遊行起點排隊，沿途開始有民眾不畏寒冬搶占位置。

6.元旦遊行盛大登場。

我必須強調的是，電視上看遊行已經覺得很漂亮，但現場看的震撼與感動才是終身難忘！

花車造型各有主題，有些也有表演

知 識 充 電 站

玫瑰花車二三事

1.絕對不在週日舉行，如果元旦遇上週日，便延到1月2日舉行。
2.大禮官不一定是人，如2005年大禮官就是米老鼠。
3.參選玫瑰皇室的女孩限齡17～21歲，且須住在帕薩迪納或部分鄰近城市，有些父母會為此提早搬到限定區域呢！

幾乎年年得獎的華航花車

165

逛街購物

住商混合的複合式休閒空間

亞美利康納
露天購物中心
The Americana at Brand

平均要排近2小時的鼎泰豐

商圈範圍比葛洛夫購物中心略大

✉ 889 Americana Way, Glendale, CA 91210
📞 +1 (818)637-8982
🕐 週一～四10:00～21:00，週五～六10:00～22:00，週日11:00～20:00
💲 視個人預算
🚌 公車1、2、180、780；開車FW5
🌐 www.americanaatbrand.com
ℹ️ 停車很貴，對面的格蘭岱爾購物中心(Glendale Galleria)可免費停車
MAP P.154

音樂會，特別的是樓上全為豪華公寓，這種住商混合生活方式在美國相當罕見，結果成為亞洲人投資置產的熱門考量，連鼎泰豐小籠包都進駐了，就知道華人增加趨勢有多快。

西洛杉磯的葛洛夫購物中心(P.120)獲得成功後，Caruso Affiliated集團於格蘭岱爾市(Glendale)複製這座購物中心，果然也大獲好評；同樣有叮噹車和噴水池，夏夜常舉辦免費

商家只有75間，多偏高端質感品牌

旁邊有不用排隊的杯子蛋糕ATM(P.106下)

老闆會替顧客量打造適合帽款↓

文青必備的帽子
Goorin Bros.

✉ 49 W. Colorado Blvd., Pasadena, CA 91105
📞 +1 (626)440-1895
🕐 週一～六10:00～21:00，週日10:00～20:00
💲 $50起
🚌 同P.158帕薩迪納舊城區
MAP P.155

創立於1895年的帽子專賣店，款式從紳士帽、淑女帽、鴨舌帽、牛仔帽、毛帽到草帽，統統都有，別以為老牌子老氣，第三代掌門人可是從舊金山藝文圈獲得許多靈感，將之融入百年帽品工藝技術，因此做出的帽子既經典雋永又新潮流行，是很多名人與時尚雅痞、文青的首選。

各款帽子都做得出來

特色餐飲

♥ 潮人最愛的brunch
LAMILL COFFEE Boutique

✉ 1636 Silver Lake Blvd, Los Angeles, CA 90026
☎ +1 (323)663-4441
🕐 每天07:00～19:00
💲 主菜$12起
🚌 公車201；開車FW101、FW5
🌐 www.lamillcoffee.com
🗺 P.154

充滿誘惑的Grill Cheese三明治

位於Silver Lake大道的LAMILL

　　本來是以咖啡的品質出名，但現在已經成為潮人聚集地，是Silver Lake大道上最受歡迎的brunch餐廳之一。無論是週末還是工作日，這裡都坐滿了談笑風生的藝術家和作家們。最受歡迎的甜點是熱甜甜圈(Warm Brioche Donut)，不甜不膩，化在口裡暖暖的，配上一杯精心調製的Cafe Con Leche咖啡，驅走清晨懶懶的睡意，給旅途中的你帶來滿滿的能量。這裡其他受歡迎的餐點還有Grill Cheese、Avocado Toast和特色漢堡等。

♥ 完美融合美、墨、義式料理
La Grande Orange Café

✉ 260 S. Raymond Ave., Pasadena, CA 91105
☎ +1 (626)356-4444
🕐 週一～四11:00～22:00，週五11:00～23:00，週六10:00～23:00，週日09:00～21:00
💲 $15～$30
🚌 地鐵金線Del Mar站；公車20、51、52、177、256；開車FW210
🌐 www.lagrandeorangecafe.com
🗺 P.154

假日經常一位難求

美義墨料理都有的複合式餐廳

外焦香、內軟嫩的鄉村烤半雞

　　用餐環境與氣氛都非常舒適的美式餐廳，口味上還混合一點墨西哥風情，強調只用當地生產與正值時令的最新鮮有機食材來烹煮，所以菜單會每天更換；用餐區分室內、半露天室外與吧台區，各有不同氣氛；中午時段前往可以用午餐特價享受同品質的餐點，分量雖然不若晚餐，但也足夠讓一個大男生吃飽，算是CP值不錯的選擇。

橙縣
Orange County

LAGUNA
BEACH
LIFEGUARD
DEPT. EST. 1929

迪士尼主題樂園(Disneyland Park)

Impressions of Orange County

城市印象

閃耀橘色富饒光芒的米老鼠家鄉

橙縣人口約300多萬人，是加州第三大縣，美國第六大都會區，前3大主要城市為縣政府所在地聖塔安納市(Santa Ana)，迪士尼樂園位處的安納翰市(Anaheim)，與私人完善規畫並擁有的新興高級住宅區爾灣市(Irvine)，沿海則有杭亭頓海灘市(Huntington Beach)、新港灘(Newport Beach)、拉古納海灘(Laguna Beach)與聖克萊門特市(San Clemente)，都屬高價昂貴地段；橙縣也是越南本土以外，最多越南裔聚居的城市，所以還有一區名為小西貢(Little Saigon)，想吃便宜、道地又美味的越南菜，來這裡準沒錯。

知 識 充 電 站

締結姊妹市

洛縣洛杉磯市(Los Angeles，P.44)在1979年與台北市締結成為姊妹市，橙縣爾灣市(Irvine，P.191)則在西元2000年與台灣桃園市締結緣分，而近幾年爾灣市也成為高收入、高教育背景的台灣移民心目中最青睞的居住城市，就我個人經驗來說，住過爾灣市以後，真的很不想再搬到別處去了呢！

橙縣地圖

Disneyland Park 迪士尼主題樂園
Disney CA Adventure Park 迪士尼加州探險樂園
Downtown Disney 迪士尼市中心
Anaheim Packing House 安納翰包裝工廠
小西貢越南區
The Boiling Crab
Bruxie Gourmet Waffle Sandwiches
South Coast Plaza 南海岸購物中心
Irvine Spectrum Center 爾灣購物中心
UC Irvine 加州大學爾灣分校
Fashion Island 時尚島購物廣場
Gelato Paradiso
San Juan Capistrano 聖璜卡匹斯川諾市
Knott's Berry Farm 諾氏莓園
Medieval Times Dinner & Tournament 中古世紀餐廳劇場
Pacific City
Bluegold
Newport Beach 新港灘
The Crab Cooker
Balboa Island 巴博亞島
Laguna Beach 拉古納海灘
Dana Point
San Clemente 聖克萊門特市

熱門景點

地球上最歡樂的夢想王國

迪士尼主題樂園、
迪士尼加州探險樂園

Disneyland Park、Disney CA Adventure Park

✉ 1313 Disneyland Dr., Anaheim, CA 92802
☎ +1 (714)781-4636
🕐 每天08:00～24:00
💲 依天數和樂園不同而異
➡ 火車Metrolink Anaheim站，轉搭接駁車ART 15；公車OCTA 43、46、50、83；開車FW5
http disneyland.disney.go.com
❓ 每日園區開放時間不同，行前上網查詢
MAP P.170

我最愛的唐老鴨

從小到大，我們的生活充斥著迪士尼人物，想必大家也有自己最愛的角色，像我就愛唐老鴨和花栗鼠！說起華特·迪士尼(Walt Disney)也很厲害，起初他只是帶女兒去遊樂園玩，結果乾脆買地找設計師來蓋樂園，沒想到獲得廣大迴響，至今成為全世界最多人造訪的主題樂園，共有6.5億人

每位員工都笑臉迎人

Orange County

小熊維尼的家還滿夢幻的

刺激感十足的巨型米老鼠摩天輪

去過，還不包括回流遊客，我自己有印象的次數就已經去超過10次了呢！

目前迪士尼王國在加州、佛羅里達州、日本東京、法國巴黎、中國香港和上海共有6座樂園，其中加州迪士尼是全球第一

每個區塊都布置得美不勝收

座、也是唯一由華特·迪士尼監工打造的樂園；最初在1955年開幕時只有主題樂園(Disneyland Park)，隨著人潮與遊樂設施逐年增加，園區腹地不敷使用，便在2001年將停車場改建成加州探險樂園(CA Adventure Park)，現在這2大樂園分頭獨立運作，鎖定的卡通人物也略有不同，就我來看，兩邊都好玩，但如果時間和預算有限，建議先了解各自的特色後再決定目的地囉！

皮克斯動畫人物遊行

旅行小抄

門票好貴怎麼辦？

迪士尼門票出名的貴，而且每年還在不斷調漲，但它的神奇魅力就是有辦法讓人心甘情願掏錢出來；先以官網來看，2個園區必須分別買票，從1日～5日票都有，如果加錢可以升級為雙園票(Park Hopper)，也就是1天跑2個園區，但我覺得這種票很沒意義，1個園區1天都玩不完，實在沒空跑到另一頭去玩。

另外也可考慮透過「CityPASS」(P.249)購買樂園通套票；以南加州來說，1張CityPASS可以在14天內前往迪士尼主題樂園、迪士尼加州探險樂園、聖地牙哥海洋世界(P.223)與樂高樂園

(P.224)，4座樂園全玩的話，可讓成人省下27%、兒童省下33%的門票費用，玩不夠的話，成人再加碼$36、兒童加碼$28，就能添購聖地牙哥動物園(P.221)和聖地牙哥野生動物園(P.221)兩張門票，再大省一筆(兩座動物園分購門票加起來原價$102)，6大樂園一次玩透透，門票統統有省到，還免去排隊6次的時間，是不是很划算呢？

http www.citypass.com/southern-california (有中文版)

購買方式：預先上網訂購，或在迪士尼樂園售票處也有賣，可以現買、現用、現省。

迪士尼主題樂園
Disneyland Park

最經典的迪士尼樂園，由米老鼠領軍的迪士尼班底人物都在這裡，園區占地85英畝，共分8大主題區：

美國主街
Main St. USA

正門進去最先抵達的區域，以維多利亞時代的美國中西部小鎮為設計範本，主要商店林立兩側，走到盡頭就是園區中央廣場 (Central Plaza)，其餘區域便以圓形散布開來。

生日造訪別忘了拿個紀念胸章

可以搭火車遊園一圈

華特· 迪士尼與米老鼠在中央廣場坐鎮

Orange County

動物天地
Critter Country

曾是印第安村莊(Indian Village)所在，目前最主要設施為飛濺山(Splash Mt.)和小熊維尼歷險記(The Many Adventures of Winnie the Pooh)。

以動物為主題的卡通相關設施大多在此

員工首要任務就是讓每位遊客開心

可以請卡通人物簽名留念

紐奧良廣場
New Orleans Square

重現19世紀初的紐奧良風光，多項備受歡迎的遊樂設施都在此，迪士尼著名的貴賓俱樂部「Club 33」也在本區。

入會要排隊10年的貴賓俱樂部

知 識 充 電 站

先繳台幣120萬才能說的祕密！

位於紐奧良廣場裡的私人貴賓俱樂部「Club 33」，只准會員進入，也是園區裡唯一賣酒的地方(雖然園內每間餐廳都有賣酒執照)；會員享有免費入園與提早入場的權利，但如果用會員卡入園，卻沒在Club 33用餐，就要罰款補付門票；33代表當初贊助俱樂部成立的33間企業，而要成為VIP會員相當不容易，光入會費就要$27,000，再加上每年須繳年費$11,000，錢不夠多還維持不了會員資格，真不愧是VIP中的VIP！

應景！鬼屋是樂園唯一雜草蔓生的區域

充滿童趣幻想的卡通鎮

米奇卡通城 Mickey's Toontown

置身其中就像走進卡通世界，一景一物都是Q版，還可以參觀米奇(Mickey's House and Meet Mickey)、米妮(Minnie's House)、高飛狗(Goofy's Playhouse)、唐老鴨(Donald's Boat)與花栗鼠(Chip 'n Dale Treehouse)的家，很有童心未泯的感覺。

歡迎來到米妮的家

米奇卡通城走誇張可愛路線

原來唐老鴨住在船屋裡

從卡通世界裡活脫脫跳出來的造景

明日世界
Tomorrowland

呈現奇幻未來與奧妙太空的區域，包括太空山(Space Mt.)、玩具總動員──巴斯光年雷射大砲(Buzz Lightyear Astro Blasters)與海底總動員(Finding Nemo Submarine Voyage)都是本區熱門遊樂設施。

此區都是太空主題造景

叫聲逼真逗趣的海鳥

明日世界遊樂設施較為刺激

冒險島
Adventureland

以亞洲和非洲叢林為主題，用熱帶雨林和珍禽異獸營造神祕的異域感覺，其中以經典冒險電影為設計主題的印第安納瓊斯(Indiana Jones Adventure)，是本區最受歡迎遊樂設施，排再久也值得玩。

泰山的家重現卡通代表場景

爬上樹屋參觀泰山的家

恍如走進非洲叢林部落的冒險島

幻想世界
Fantasyland

實現迪士尼童話的地方，像是小飛俠彼得潘(Peter Pan's Flight)、愛麗絲夢遊仙境(Alice in Wonderland)和睡美人城堡(Sleeping Beauty Castle Walkthrough)都在此。

看似溫和實則飛很快的小飛象

上千張照片拼貼出的「愛麗絲夢遊仙境」

邊境世界
Frontierland

為紀念美國創建初期的開拓先鋒，以當時居住的生活環境而打造，經典代表為穿梭礦山的巨雷山鐵路(Big Thunder Mt. Railroad)及馬克吐溫號(Mark Twain Riverboat)。

搭上馬克吐溫號遊美國河，了解美國百年歷史

快速玩轉迪士尼

迪士尼不分平日、週末,人都很多,熱門遊樂設施排上至少1個小時是司空見慣的事,所以在迪士尼玩要有策略!

策略1 快速通關票(FastPass)

只有熱門設施才有,而且每日發放數量有限,所以選定想玩的項目,確定有FastPass後,先迅速繞1圈一一取得,然後在票券上顯示的兩個時間範圍內去搭乘,就可以排快速通關線;當然有時天色較晚後,可能直接排隊也不見得比較慢,就請自己斟酌使用。

策略2 應用程式MouseWait APP

手機免費下載,可以查詢主題樂園與加州探險樂園的所有遊樂設施即時狀況,還有遊行時間、餐廳資訊、表演場次等所有與迪士尼相關訊息,相當方便。

策略3 盡早入園

園區每天早上8點開門,最好07:55就在第一批準備入園的人潮中,一進入園區立刻鎖定熱門設施,如果能在前2~3個小時玩完重點項目,接下來就有充裕時間慢慢玩其他比較少人排隊的設施。

策略4 善用遊行

這招只適用於不一定要看遊行的人,因為在遊行開始前約1小時,人潮就會陸續聚集到遊行沿線占位置,加上遊行結束後約半小時的散場,這段時間相較之下還在玩遊樂設施的人就少了許多,也就減少排隊時間。

滿刺激的巨雷山雲霄飛車(Big Thunder Mt. Railroad)

橙縣——熱門景點

迪士尼主題樂園

玩家交流

百玩不膩的重點遊樂設施

(F：有快速通關)

熱門遊樂設施	特　色	所屬區域
鬼屋(F) Haunted Mansion	看似恐怖、其實相當可愛的鬼屋，最後會有鬼魂坐在2人中間一起拍照	紐奧良廣場 New Orleans Square
加勒比海盜 Pirates of the Caribbean	搭船進入漆黑陰冷的海盜世界，途中有海盜飲酒作樂、燒殺擄掠，還有海上火拚場景，最後有點意外的小小刺激	
印第安納瓊斯(F) Indiana Jones Adventure	古埃及密室尋寶之旅，沿途機關重重，據說有16萬種障礙組合，每次搭乘都有不同刺激	冒險島 Adventureland
玩具總動員(F) Buzz Lightyear Astro Blasters	在絢麗霓虹世界用聲光槍射擊目標，每個標的得分不同，比比看誰是神射手	明日世界 Tomorrowland
海底總動員 Finding Nemo Submarine Voyage	活火山下五彩繽紛的海底世界，真實造景搭配投影動畫，美到令人著迷	
太空山(F) Space Mountain	搭乘雲霄飛車在布滿燦爛星空和美麗星球的黑暗宇宙中急速衝刺，有股迷離的暈眩快感	

星際大戰・銀河邊緣
Star Wars: Galaxy's Edge

星戰景點外觀全景(圖片提供／Ivy Lin)

機器人R2-D2(圖片提供／Ivy Lin)

《星際大戰》的影迷最為期待的「Star Wars: Galaxy's Edge」終於在2019年6月正式開館了！不過也因此迪士尼的票價抬高了許多。與別的景點不同，所有的遊客將被帶入另外一個銀河系的Batuu村莊裡，演員扮演成故事中的各種人物，夾雜在人流中與遊客互動，讓你身臨其境，自然地融入到故事情境中。

遊樂設施中，必玩的有駕駛千年鷹號(Millennium Falcon)，遊客會被安排扮演各種角色，一同完成在宇宙中飛行的任務，不只是坐雲霄飛車，也要參與開火、駕駛飛船等任務，但如果艙內人數不夠，也有自動檔可以選擇。

進到這個園區，星戰鐵粉一定會有夢想成真的感覺，而非影迷的遊客，則建議預先了解一下電影故事，才能體驗美國科幻文化的精髓，不枉此行喔！

來到這個景點，不妨試試主題餐廳Oga's Cantina，這是迪士尼樂園裡為數不多的一間專為遊客提供酒水的餐廳，同時也和星際大戰的故事主題相符合，讓景點更有氣氛。請記得提前預訂，否則可能會排隊排很長的時間。

建議點一杯外星色彩的Jedi Mind Tricks雞尾酒，配上Batuu bites，再與機器人DJ和Bartender自拍，享受餐廳獨特的音樂、色調與場景，沉浸在星戰最酷的場景中！

(圖片提供／Ivy Lin)

旅行小抄

迪士尼的熱門景點總是人滿為患，排隊等待的時間有時候長達1～2個小時甚至更久，提醒大家，務必下載迪士尼的APP，現在有提供Virtual Queue功能，可以獲得即時的排隊信息，幫助你隨時調整遊玩策略，減少一些排隊時間。

如果景點流量超載，也可以在玩別的景點的同時，加入Boarding Group來為自己預留排隊的位置。

官方推出的「Play Disney Parks」APP

iOS載點

Google Play載點

迪士尼加州探險樂園
Disney California Adventure Park

顧名思義是一座向加州致敬的主題樂園，占地約72英畝，主角以迪士尼和電影動畫Pixar創造的新興卡通人物為主，遊樂設施刺激程度較高，遊客人數也明顯較少，但仍是全世界最多人造訪的主題樂園第十名，園內7大區分別為：

天堂碼頭
Paradise Pier

探險樂園最大也最主要的區塊，巨型米老鼠摩天輪(Mickey's Fun Wheel)與驚聲尖叫雲霄飛車(CA Screamin')是全區焦點，夜幕低垂時前方水池會有精采水舞秀(World of Color)，將迪士尼經典動畫投影在巨型水幕上，真是美呆了。

↓刺激感十足的雲霄飛車

包廂會晃動的米奇摩天輪

夜晚會有相當精采的大型水舞秀

Orange County

探險樂園主街
Buena Vista St.

進園首先到達區域，重現1920年代華特·迪士尼初次抵達洛杉磯時看到的景象，主街盡頭的電影院(Carthay Circle Theatre)裡面播映1937年首次問世的《白雪公主與七矮人》(Snow White and the 7 Dwarfs)動畫，相當值得一看。

部分時段會演出迪士尼頻道熱門節目

主街除了逛街購物，也有娛樂表演

灰熊峰
Grizzly Peak

以加州野生動物和優勝美地與紅杉國家公園為設計概念，看似灰熊咆哮的山峰是焦點，河川中有淘金客，皮克斯動畫《天外奇蹟》(Up)設施也在此。

展現加州自然風貌的灰熊峰區

夏天玩很過癮的激流泛舟

本區以加州棕熊為主題

好萊塢世界
Hollywood Land

呈現1930年代好萊塢全盛時期風貌，遊樂設施都以好萊塢製作的熱門電影、電視、舞台劇為主題。

內有大怒神的恐怖旅館

要看遊行建議提早半小時到沿線，才能占到好位置

遊行人物個個身懷絕技

皮克斯動畫角色全都會參與遊行

遊行兼具聲光效果與特技表演

汽車世界
Cars Land

總共斥資2億美元將皮克斯動畫《汽車總動員》(Cars)場景打造出來，創下最昂貴遊樂設施紀錄。

這有出乎意料之外有趣的賽車

馳騁在造景逼真的汽車世界

太平洋碼頭
Pacific Wharf

以北加州舊金山漁人碼頭(Fisherman's Wharf)和蒙特瑞(Monterey)沿海區域為園區雛形，許多餐廳都在此區。

禁帶外食，所幸園內料理種類選擇多

老美食物分量都很大，可以吃很飽

想覓食就到太平洋碼頭區

蟲蟲世界
A Bug's Land

靈感來源就是皮克斯動畫《蟲蟲危機》(A Bug's Life)，走在其中有種彷彿瞬間縮小的奇妙感覺，很不一樣的視野體驗。

歡迎來到蟲蟲世界

用小蟲的角度看世界別有樂趣

百玩不膩的重點遊樂設施

（F：有快速通關）

熱門遊樂設施	特 色	所屬區域
米老鼠摩天輪 Mickey's Fun Wheel	升上160英呎的高空俯瞰樂園，除了一般固定包廂，最具特色的16個旋轉包廂(Swinging)會像海盜船一樣晃來盪去，是難得會聽到尖叫連連的摩天輪	天堂碼頭 Paradise Pier
驚聲尖叫雲霄飛車(F) CA Screamin'	看似木造實則為鋼製材質的巨型雲霄飛車，以時速100公里的速度飛馳，刺激度滿點	
小美人魚海底冒險 The Little Mermaid ～ Ariel's Undersea Adventure	奇幻華麗的小美人魚王國，看看歡樂的海底世界與浪漫愛情故事	
激流泛舟(F) Grizzly River Run	搭乘圓艇順著加州河湍急水勢急流勇進，保證被水濺濕全身	灰熊峰 Grizzly Peak
翱翔加州(F) Soarin' Over California	坐上飛行模擬器跟著全景螢幕翱翔天際，飛越美麗的加州山谷、海灘、金門大橋、葡萄園，一切彷彿觸手可及，就像真的在飛	
暮光之城恐怖旅館(F) The Twilight Zone Tower of Terror	曾經風光卻因故廢棄的旅館，別以為只是鬼屋，還結合電梯版大怒神！忽上忽下驚嚇指數爆表，超過癮	好萊塢世界 Hollywood Land
怪獸電力公司 Monsters, Inc. Mike & Sully to the Rescue!	跟著怪獸麥克與蘇利腳步，進入怪獸之都援救小女孩Boo	
汽車總動員(F) Radiator Springs Racers	馳騁在美國最具代表性的66號公路，穿越瑰麗峽谷翻山越嶺，既有故事情節又刺激有趣	汽車世界 Cars Land

Mickey's Halloween Party

　　每年9月底～10月底登場，是我參加過最可愛、最歡樂、也最夢幻的萬聖節派對！因為會來迪士尼過萬聖節的人，打扮多走英雄公主風，或是配合場景的西部牛仔、太空戰士、可愛動物等，而且迪士尼畢竟是親子樂園，太恐怖的裝扮容易嚇到小朋友，園區也會委婉拒絕進入。派對晚上才開始，遊樂設施照常開放，所以會看到瑪麗安東尼皇后走進太空山搭雲霄飛車，跳跳虎坐在加勒比海盜船上，丘比特拿著巴斯光年的聲光槍在打靶……，這些衝突感十足的爆笑場面，尤其一大群朋友來玩更是High翻天！

恐怖煙霧繚繞的灰姑娘城堡

今年我是愛神邱比特

不分男女老幼都會裝扮

很多家庭都有裝扮主題，朋友這年是法國王室一家

　　園區呼應萬聖節主題，以南瓜做主要裝飾，處處都有南瓜米奇頭，相當可愛；工作人員在街上陪遊客玩「Trick-or-Treat」，發的不只是糖果，還有健康的小胡蘿蔔跟蘋果片；鬼屋是布置最應景、最有氣氛的地方，遊行也改成「群魔亂舞」，非常特別；總之是個可以豁出去玩瘋的派對，唯一限制是如果打扮成迪士尼人物，就不能和其他遊客拍照或簽名，畢竟還是要尊重正版。

Mickey's Halloween Party tickets are SOLD OUT for tonight

幾乎每晚門票都銷售一空

歡迎加入米奇萬聖節遊行

只要敢穿，什麼造型在萬聖節都不奇怪

歡樂王國不為人知的祕密

Hidden Secrets of Disneyland

❶ 到處隱藏米老鼠！

至少有50隻米老鼠藏在意想不到的地方。

米老鼠無所不在

❷ 有間有機會！

乘坐馬克吐溫號時，可以試著與工作人員聊天，如果他帶你到2樓，就去敲「閒人勿入」(Private) 的門，船長會開門讓你進去開船。

馬克吐溫號其實水下有軌道

❸ 預計排隊時間是騙人的！

說排100分鐘可能實際上只要60分鐘，當你比預期更快玩到時，心情就會很好。

每項遊樂設施都有預估排隊時間

❹ 灰姑娘城堡其實很小！

視覺錯覺讓它看起來比實際上大很多，而且你以為用磚頭堆砌的城牆，其實都只是石膏，一塊磚頭也沒有用到。

越走近越顯小的灰姑娘城堡

❺ 怎麼拍都美！

每區步道顏色符合該區主題色，據說這樣能折射出最美的光，讓人怎麼拍照怎麼美。

❻ 米老鼠王國裡全是貓！

樂園關門後，就成了200多隻貓的捕鼠天堂，沒錯，這些貓是刻意養來抓老鼠的，而唯一不會被抓的老鼠，就是貓咪們的老闆米老鼠。

抓老鼠的貓，老闆卻是米老鼠

Orange County

❼ 住在樂園裡！

消防局樓上有迪士尼家族休息室，灰姑娘城堡裡也有1間套房，但只給幸運中獎遊客入住。

迪士尼家族才能住的宅邸

❽ 軌道不一樣！

馬特洪峰雲霄飛車(Matterhorn Bobsleds)有2道，左邊車速較快、軌道較短，右邊車速較慢、軌道較長；喔，在你玩飛車時，可能有員工正在山峰內部打籃球。

很刺激的馬特洪峰雲霄飛車

❾ 沒有人命喪迪士尼！

世上哪裡不死人，不過迪士尼把新聞全部壓下來，畢竟這裡是全世界最歡樂的王國啊！

歡樂王國也是有黑暗一面

❿ 死了都要玩！

有些瘋狂遊客會依親人遺願，將骨灰偷偷灑在鬼屋(Haunted Mansion)裡。

居然有人對迪士尼的愛至死不渝

⓫ 嗅覺也被控制！

園區利用特調的Smellitizers香氣，釋放出屬於各區的味道，讓人更有身歷其境的感覺。

樂園飄散著幸福甜甜香

⓬ 高科技的樹！

明日世界(Tomorrowland)的棕櫚樹在黃昏闔上，黎明才打開。

⓭ 園區地下有王國！

相當複雜且完整的通道，主要讓員工快速穿梭於園內而不會影響遊客，尤其不會發生白雪公主拎著裙襬穿越明日世界的窘境；同時也是員工辦公室、玩偶更衣室、垃圾運送道和緊急醫療通道。

⓮ 警察就在你身邊！

只是都偽裝成遊客，必要時才會現形執勤。

迪士尼要讓每個人在最安全的環境中遊玩

史努比與查理布朗歡迎你

諾氏莓園
Knott's Berry Farm

✉ 8039 Beach Blvd., Buena Park, CA 90620
☎ +1 (714)220-5200
🕐 週日～五10:00～22:00，週六10:00～23:00
💲 $67
➡ 火車Metrolink Buena Park站換搭接駁車；公車ART 18；開車FW5、CA91
http www.knotts.com
❓ 萬聖節期間晚上會改為Knott's Scary Farm，平日週末票價差異大，建議先上網查詢並預先購票
MAP P.170

早期美國中西部小鎮街上一隅

雙腳懸空的雲霄飛車High到最高點

1920年代，諾特家族(Knott Family)在這一帶的39號公路邊賣新鮮莓果、果醬和派起家，1934年有了店面，開始兼賣炸雞，沒

諾氏莓園就是以賣莓果起家

想到炸雞太好吃導致人潮始終絡繹不絕，越賺越多錢後，就往隔壁越開越多店，並增加幾項遊樂設施，起初是想讓外頭排隊的顧客打發時間，沒想到誤打誤撞竟成了另類吸引顧客上門的特色，就這樣一路發展成「美國第一座主題樂園」。

非常瘋狂的雲霄飛車

Orange County

園內共分4大主題區

1 鬼鎮(Ghost Town)
展現早期鐵匠、木匠、玻璃工……等店鋪景象,略顯沒落。

2 節慶村(Fiesta Village)
充滿墨西哥風情的區域。

3 木棧道(The Boardwalk)
最刺激的雲霄飛車、自由落體等遊樂設施都在此。

4 史努比營(Camp Snoopy)
我最喜歡的一區,因為到處都是史努比、查理布朗和朋友們,
非常可愛。

● 隨處可見史努比 ●

> 諾氏莓園就是史努比主題樂園

史努比營是設計給12歲以下孩童的區塊

每逢整點會有史努比歌舞秀

目不轉睛看著史努比歌舞秀

大型史努比咕咕鐘每到整點會有報時表演

美劇《玩酷世代》有錢人家城市
新港灘
Newport Beach

- 🕐 全年開放
- 💲 海灘免費；巴博亞島船票單程成人 $1、兒童$0.5
- ➡️ 公車55；開車FW405、CA55、CA73
- 🌐 www.visitnewportbeach.com
- ❓ 海灘全面禁菸
- 🗺️ P.170

新港灘碼頭上很多人在釣魚

擁有綿長海岸線的新港灘，25%以上家庭平均年收入超過$20萬，是相當富裕的城市；很多人喜歡搭觀光渡輪前往巴博亞島（Balboa Island），只要15

淺灘區較長，適合踩浪玩水

分鐘船程就能抵達，島上有許多富豪置產的度假小屋，很有看頭，尤其每逢聖誕節，家家戶戶會裝飾得格外華麗，成為另一個感受聖誕氣氛的好去處。

連碼頭船塢的聖誕裝飾也不馬虎

最具藝術氣息的濱海城市
拉古納海灘
Laguna Beach

- 🕐 全年開放
- 💲 免費
- ➡️ 開車FW5、CA73
- 🌐 www.visitlagunabeach.com
- ❓ 海灘全面禁菸
- 🗺️ P.170

曬日光浴大方展現好身材

全市居民只有2萬多人，每年卻能夠吸引300萬名觀光客到此造訪，美麗海景不用多說明，更讓人著迷的是濱海大街上無所不在的藝術

氛圍；沿著海岸線的懸崖有一條步道，一路緩緩順坡而下可以直接走到沙灘，中段有一個小涼亭，常有新人在這舉辦婚禮，步道每隔一段距離會放置長椅，坐在上面看海發呆真是一大享受！

↓充滿藝術氣息的大街　　↓遊客如織的美麗海灘

南加州華人的天龍國
爾灣市
Irvine

- ✉ 約略在橙縣中心位置
- ◎ 全年開放
- 💲 免費
- ➡ 開車FW10、405
- http www.cityofirvine.org
- ❓ 主幹線路邊幾乎全面禁止停車，請停在各建築物或商場所屬停車場
- MAP P.170

名列前茅的加州大學爾灣分校(UC Irvine)

很多人不會相信「1座城市屬於1個家族」這種事竟會發生在美國，簡直就像大富翁遊戲(Monopoly)的世界。1864年，來自愛爾蘭的農夫爾灣(James Irvine)和2位同伴在南加州買農地起家，很有投資眼光的他有計畫地逐步進軍土地買賣市場，最後成立不動產公司Irvine Company，旗下最大資產之一就是爾灣市。

知識充電站

住商不動產集團 (Irvine Company)

Irvine Company擁有500多棟辦公商場、41座購物廣場、130座大型住宅區、5座遊艇碼頭、3間飯店和3座高爾夫球場，而這麼多的房地產，全都只屬於當今總裁Donald Bren的，對，就他1個人的！所以他在2015年以152億美元身價榮登「全美最富有地產開發商」冠軍寶座，實在當之無愧。

奢華飯店The Resort at Pelican Hill

全市遍布公園、綠地、湖泊

街道寬敞乾淨又綠意盎然

↓屢獲評選為「全美最佳居住城市」的優美環境

洛斯瑞歐斯老街的路標

小朋友可以在Zoomars寵物樂園騎小馬

聖璜卡匹斯川諾市

San Juan Capistrano

Ⓒ 全年開放
Ⓢ 免費
➡ 火車San Juan Capistrano站下車；開車FW5
http www.sanjuancapistrano.org
❓ 海灘全面禁菸
MAP P.170

聖璜卡匹斯川諾修道院

聖璜卡匹斯川諾是橙縣非常特別的一個具有西班牙殖民風格的小鎮，公元1776年之前曾經是西部土著印地安人的地盤，加州7大修道院之一的聖璜卡匹斯川諾修道院(San Juan Capistrano Mission)，在1776年建成開放之後，這裡便成為了西班牙裔殖民者的聚集地，因此周邊有眾多西班牙式建築。

若是來此，不妨嘗試一下坐Amtrak到當地火車站，下火車後可步行遊逛聖璜卡匹斯川諾修道院，以及頗具文藝氣質的洛斯瑞歐斯老街(Los Rios Street)等景點，火車站附近也有很多餐廳和咖啡店可供選擇。對於旅行的家庭來說，這裡還有兒童可以騎小馬、餵小羊的寵物樂園Zoomars，足夠孩子們玩上一個下午。

The Tea House on Los Rios

洛斯瑞歐斯老街平時很安靜，基本沒有汽車通過

橙縣最南邊的西班牙海濱小鎮
聖克萊門特市
San Clemente

- 全年開放
- 免費
- 火車San Clemente站下車；開車FW5
- www.san-clemente.org
- P.170

Casa Romantica文化中心和花園的設計師也是尼克森老宅的設計師

聖克萊門特的棧橋很長，且有餐廳可以用餐

聖克萊門特是橙縣最南端的城市，不少來洛杉磯旅遊的人可能會因為太遠而錯過這個美麗怡人的海邊小鎮。坐Amtrak火車可直達，下火車後就是棧橋和海灘。這裡的氣候宜人，風景如畫，和其他沙灘

海邊也不時有賣藝者表演

不同，這裡的沙灘上鵝卵石比較多，而且整個小鎮都是西班牙式的建築，有「西部白宮」之稱的尼克森老宅(La Casa Pacifica) 就坐落在這裡。推薦參觀Casa Romantica文化中心和花園(Casa Romantica Cultural Center and Gardens)，可了解聖克萊門特獨特的歷史和文化，並在這裡的高處欣賞美景。

逛街購物 Celebrate Today!

在地行家才逛的購物天堂
時尚島購物廣場
Fashion Island

- 401 Newport Center Dr., Newport Beach, CA 92660
- +1 (855)658-8527
- 週一～五10:00～21:00，週六10:00～19:00，週日11:00～18:00
- 視個人預算
- 公車1、55、57；開車FW405、CA73
- www.shopfashionisland.com
- 海風偏涼，建議隨身帶件薄外套
- P.170

專人定期精心設計的購物環境

雖然距離南海岸購物中心(P.194)只有10分鐘車程，但人潮明顯少了許多，算鄰近城市內行人才會來逛的商圈；店面約100多間，不過

大多是台灣人相對陌生的品牌，買起來可能沒那麼順手，但是能在花團錦簇的露天購物街上邊逛邊享受加州陽光，吹著徐徐海風，倒也是另一種悠閒愜意。

193

南海岸購物中心
South Coast Plaza

✉ 3333 Bristol St., Costa Mesa, CA 92626

📞 +1 (714)435-2000

🕐 週一～五10:00～21:00，週六10:00～20:00，
週日11:00～18:30

💲 視個人預算

➡ 公車145、173；開車FW405

http www.southcoastplaza.com(有中文版)

MAP P.170

　　占地280萬平方英呎，是洛杉磯
幾乎所有華人要逛街時的首選大
型購物中心，250多間店面從平價
到國際頂級精品都有，每年吸引
2,400萬名顧客上門，總營業額達
15億美元，是全美百貨界業績最高
的，而且7成以上專櫃都有中文銷
售人員，對英文不輪轉的觀光客真
是一大福音。

運動也要兼具性感

歡樂兒童區周邊都是童裝品牌

國際精品專櫃一應俱全

←兒童寢具也特別有質感

連結2館的美麗空中花園廊橋

這裡有寬敞明亮的購物空間

橙縣銷售稅比較低喔！

如果想買精品，我覺得雖然比佛利山莊的羅迪歐大道(P.94)一聽就很貴婦感，但實際面來看，南海岸購物中心(P.194)的精品專櫃一個也不少，店面空間更大，款式更多、更齊全，逛街有冷氣吹，累了有餐廳、咖啡廳，停車免費又方便，重點是洛縣銷售稅9.5%，橙縣少一點點，只要8%，你說這是不是購物天堂！

可愛夢幻的周邊商品

迪士尼市中心
Downtown Disney

- ✉ 1580 Disneyland Dr., Anaheim, CA 92802
- ☎ +1 (714)781-4565
- ⏰ 每天07:00～翌日02:00
- 💲 視個人預算
- ➡ 同P.170迪士尼主題樂園
- http disneyland.disney.go.com
- 🅿 沒有消費也可免費停車3小時
- MAP P.170

必逛店家是World of Disney，所有想得到的迪士尼周邊商品無所不賣；男生可以到Ridemakerz打造夢想中的玩具車，女生就到Build-A-Bear Workshop親手做隻玩偶；D-Street專賣潮版米奇，可以買到很有特色的紀念品；Häagen-Dazs冰淇淋比台灣便宜一半以上，蝴蝶餅(Wetzel's Pretzels)香Q又鬆軟，是很好解饞的點心，個人尤其大推酸奶油與洋蔥(Sour Cream & Onion)口味！

各迪士尼人物商品在這都找得到

蝴蝶餅口味選擇多，鹹甜皆有

不去樂園來逛街也很開心

♥ 男女老少都愛的戶外購物廣場

爾灣購物中心
Irvine Spectrum Center

✉ 670 Spectrum Center Dr., Irvine, CA 92618
📞 +1 (949)790-4871
🕐 週日～四 10:00～21:00，週五～六10:00～23:00
💲 各店不一
➡ 開車FW5、FW405
http www.irvinespectrumcenter.com
MAP P.170

新增了小孩子的遊樂區

隨處有很多座椅

　　開高速公路經過橙縣時，總能看到爾灣的摩天輪，它過去已是橙縣熱門的購物休閒場所，擴建後環境更佳。南岸廣場是女士們購買名牌的首選，迪士尼市中心較適合兒童，而爾灣則是男女老少都會愛的購物中心，這裡有小孩子們喜歡的摩天輪和旋轉木馬，也有女士們喜歡的Nordstrom、Target等各種品牌店，不熱衷逛街的男士們，可以在漂亮的露天休閒沙發上滑手機，或是到Regal電影院看一場電影。

　　餐飲方面也很多元，除了有 California Pizza Kitchen、Yard House等美式餐廳之外，還有Robata Wasa日式料理、金都廣式點心店、各種快餐，以及多家甜品店。擴建後，更新增了Apple、Dry Bar、85°C、Hello Kitty Grand Cafe等，且育嬰室更為寬敞舒適，戶外又為兒童增添了遊樂區，絕對滿足男女老少各種需求。

摩天輪和草地休閒區

面朝大海，想要看海上日落可以到這裡來

♥ 可以看到海上夕陽的時尚購物區
Pacific City

✉ 21010 Pacific Coast Hwy, Huntington Beach, CA 92648
☎ +1 (714)930-2345
🕐 週一～六10:00～21:00，週日10:00～18:00
💲 各店不一
➡ 開車FW1；公車1、29、29A、25
🌐 www.gopacificcity.com
MAP P.170

早晨可以來這裡的Bluegold餐廳吃Brunch

在橙縣，沿著1號公路開，會經過很多海濱城市，大多是安靜的小城，而杭亭頓海灘永遠是最熱鬧的，這個以衝浪出名的海灘城市，2015年建成了新的Pacific City購物中心，距離杭亭頓海灘棧橋只有5分鐘步行時間。

目前這裡的餐飲店仍多於購物店，大眾品牌也只有Sephora、Free People和H&M等，大部分人來這裡，主要會去Bluegold、Simmzy's等餐廳吃飯，快餐區Lot 579則大多是南加州當地的特色餐飲。

最特別的是，這個購物中心面朝大海，人們可以一邊喝著咖啡，一

Pacific City外觀

邊坐在購物中心的台階上欣賞海上日落，現在已經成為了橙縣又一個好去處。

特色餐飲

💗 中古世紀城堡與騎士共進晚餐
Medieval Times Dinner & Tournament

- ✉ 7662 Beach Blvd., Buena Park, CA 90620
- ☎ +1 (714)523-1100
- ⏰ 每天09:00～22:00
- 💲 $31～$60
- ➡ 公車29、460；開車FW5、CA91
- http www.medievaltimes.com
- ❓ 務必上網訂位兼購票，票價包含看秀與餐點，網路上常有優惠票價
- MAP P.170

餐點統一為分量十足的烤雞餐

入內需預約以便安排座位

帥氣的西班牙騎士披上盔甲，拿起長戟，躍上駿馬準備與對手在沙場上一較高下，場邊是高高在上的國王，擔心自己愛人的公主與大批圍觀湊熱鬧的百姓，這個只會出現在電視電影裡的場景，現在有機會直接在你眼前登場，聽起來吸引人嗎？

中古世紀餐廳劇場在美東相當有名，美西僅此1間分店；進入白色

城堡在細節布置一點也不馬虎

每人照顏色分配給6位不同騎士

城牆後，入口侍衛會替你戴上皇冠，依照顏色分派支持1位騎士，在氣勢磅礡的開場秀後，6位騎著駿馬的騎士一起出場，英姿煥發！接著國王一聲令下，6位騎士展開對決，可別以為騎士們只是穿帥帥的花拳繡腿做做樣子，馬匹奔跑揚起的塵土，騎士招招到位的拳腳和刀光劍影發出的鏗鏘聲與火光，讓場上氣氛充滿緊張刺激，彷彿真的回到中古世紀看秀般過癮！餐點也不馬虎，相當美味而且分量十足，相信我，這會是一頓身心靈都獲得滿足的晚餐體驗！

各隊騎士和侍衛列隊出場

加州年滿21歲才能合法喝酒

Orange County

不分時段總是大排長龍座無虛席

炸花枝圈不沾醬就
很好吃

超豐盛的海鮮大餐
相當入味

♥ 爆膽固醇也要吃的海鮮饗宴
The Boiling Crab

- ✉ 1500 W. MacArthur Blvd., Santa Ana, CA 92704
- ☎ +1 (714)979-2722
- ⏰ 平日15:00～22:00，週末12:00～22:00
- 💲 $20～$30
- ➡ 公車86、173；開車FW405、CA55
- 🌐 www.theboilingcrab.com
- ⁉ 即使訂位也還是要排隊
- MAP P.170

　　我很不愛為吃而排隊，但這家我心甘情願！起源於德州東南方小鎮，吃法沿襲德州粗獷風，以磅計算的螃蟹、蝦、淡菜……浸滿醬汁，夾雜一些玉米、香腸、馬鈴薯，直接用手拿食物開動啦！醬汁首推Rajun Cajun，又香又辣超過癮，再配沁心涼的生啤酒，讚！

適合一群好友
聚餐的地方

香甜酥脆的
地瓜薯條

♥ 慵懶週末享早午餐與海景
Bluegold

- ✉ 21016 Pacific Coast Hwy d200, Huntington Beach, CA 92648
- ☎ +1 (714)374-0038
- ⏰ 週一～日09:00～22:00
- 💲 主菜$14起
- ➡ 公車14、105；開車FW10
- 🌐 www.dinebluegold.com/
- MAP P.170

　　位於杭亭頓Pacific City頂層的這間餐廳，十分適合在週末早上去光顧。毗鄰杭亭頓海灘，坐在窗邊曬太陽看海景，同時享受精緻又好吃的班尼迪克蛋和咖啡，充分放鬆身心，這才是橙縣休閒生活方式的真正完美體現。招牌菜有Blue gold蛋糕、shakshouka、pan roast，，每一道菜都是既上相，又美味得讓你停不了口。

班尼迪克蛋

招牌Blue gold蛋糕

門牌相當低調

橙縣—特色餐飲

199

♥ 吃完會想轉圈圈的鬆餅三明治

Bruxie
Gourmet Waffle
Sandwiches

✉ 14376 Culver Dr., Irvine, CA 92604
📞 +1 (949)556-4894
🕐 週日～四08:00～21:00，週五～六08:00～22:00
💲 $10～$20
➡ 公車66、79；開車FW5
🌐 www.bruxie.com
❓ 別處也有分店
📍 P.170

比利時鬆餅取代漢堡包

不誇張，我在這裡見識到鬆餅新境界！現烤比利時鬆餅外酥脆內Q彈，口味有鹹有甜，也有素食，食材全為當令新鮮貨，配上格子薯條(Waffle Cut Fries)和特調冰咖啡，就是味蕾超滿足的一餐。

> 早午餐時段去我永遠只點草莓配鬆餅

最受歡迎的還是各種肉排堡

素食蘑菇鬆餅香氣四溢

♥ 隱藏巷弄中的甜蜜好滋味

Gelato Paradiso

✉ 448 S. Coast Hwy, Laguna Beach, CA 92651
📞 +1 (949)464-9255
🕐 週日～四11:00～21:00，週五～六11:00～22:00
💲 $4.5起
➡ 公車1；開車PCH 1
🌐 www.gelatoparadiso.net
📍 P.170

口味難抉擇，可以要求試吃

> 全為有機食材新鮮製作的冰淇淋

身為冰淇淋控的我，吃過的各種冰淇淋不計其數，而最讓我魂牽夢縈的義式冰淇淋Gelato就是它！在yelp上的網友評價也高達4.5顆星，可見它有多值得一嘗；店面雖然

隱身在別有洞天的小巷，可是人潮永遠川流不息，20多種口味冰淇淋一字排開，空氣中還飄著甜甜的煎餅甜筒

恍若置身歐洲美麗巷弄

香，我最喜歡酸酸甜甜的青蘋果、檸檬或哈蜜瓜口味，那你呢？

♥ 匯聚東西飲食的時尚餐飲廣場

安納翰包裝工廠
Anaheim Packing House

✉ 440 S Anaheim Blvd, Anaheim, CA 92805
📞 +1 (714)533-7225
🕐 每天 09:00～23:00
💲 各店不一
🚌 公車30、38、43、47；開車FW91、FW5
http www.anaheimpackingdistrict.com
MAP P.170

具有西班牙殖民復興建築風格的安納翰包裝工廠建於1919年，當年是一個包裝橙子的工廠，2014年經過整修後變成一個時尚餐飲廣場，有廣式燒臘、印度菜、日本拉麵、越南粉、美式燒烤、中東料理等各國多元文化的料理和飲食，也有酒吧以及咖啡甜品店。

不過醉翁之意不在酒，大家似乎都是來這裡吃個氣氛，因為裝飾前衛，又有很多復古的元素，在露台吃飯還可以看到火車經過，所以吸引很多年輕人來這裡拍照嘗鮮。個人則比較喜歡印度風

安納翰包裝工廠已經成為Instagram上的常客

Mini Monster的波霸奶茶看起來很拉風，但味道一般

喜歡吃辣的人不要錯過Sweet Bird的雞肉三明治

味的ADYA、Sweet Bird和日式的Orange Tei。

包裝工廠外景

洛杉磯
Staying in Los Angeles
住宿情報

綠城堡飯店(Castle Green Hotel)

Travel Preparation

行前準備

多元住宿類型任君挑選

　　觀光旅遊產業發展已臻成熟的洛杉磯，住宿資源自然豐富到可以滿足各類旅客需求和預算，所以挑選飯店時，就要先問自己旅行目的是什麼？旅伴是誰？有帶小孩嗎？住宿預算多少？想住怎樣的飯店？主要在哪一帶活動？很重視夜生活或美食嗎？還有最關鍵的問題，有車嗎？心裡大概有底後，就可以上網搜尋訂房。

知 識 充 電 站

小費禮儀不可少

美國是個很重視勞力付出的國家，任何事情只要牽涉到有人提供服務，費用就會高，小費更是一種基本禮貌，但是小費怎麼給才不會越給越失禮，就是一門巧妙學問，這裡提供的是最常遇到需要付小費的狀況，讓你有個基本概念，但還是要視當下情況斟酌調整，做個懂得國際禮儀的台灣遊客喔！

觀光客常遇場合	對象	一般行情
餐廳用餐	伺桌服務生	稅前總價15%～20%
代客停車	取車小弟	每輛車$2～$5
飯店房務整理	清潔人員	每晚$2～$3，高級飯店$5
飯店機場免費接送	司機	每趟$10～$20
行李託運	行李員	每件行李$1～$2，過重要加錢

瑪麗皇后號飯店(Queen Mary Hotel)

訂房省錢小撇步

1. **及早訂房**：不但選擇較多，通常早訂也能取得同價位裡最好的房間。
2. **彈性日期**：若無特定入住日期，也許前後日期房價會更便宜。
3. **依飯店屬性選冷門時段入住**：觀光區或度假型飯店週末比較貴，但商務型飯店反而是平日比較貴。
4. **要求房型升等**：用最低價訂房後直接聯絡飯店，告知已訂房並提出特殊需求，例如入住當天適逢生日或結婚紀念日，再客氣詢問是否可能升等，通常淡季時這招都管用，飯店會樂意免費升等或酌收象徵性費用而已。
5. **挑最佳時機訂房**：一般飯店在2～6個月前會給最佳折扣，時間越近折扣越少；商務飯店則是在7～10天前才會給最低價格。

熱門訂房網站

俗話說：「休息，是為了走更長遠的路」，出門旅遊選個落腳好所在，一定能替旅行加分不少，但是每個人對住宿要求不同，以下網頁各有搜尋特色，把握多看多比較原則，就能夠搭配出最理想的住宿方案。

旅行小抄

留意其他附加費用

大部分特價房型不含早餐，除非有特別寫出，而且結帳都要再加約14%的稅(飯店稅＋州稅＋市稅)，還有就算是房客，部分飯店仍會收取停車費，尤其洛杉磯中心高級飯店1晚停車費常要$30～$50不等，須先問清楚。

網站名稱	特色	網址
Hotels Combined	整合上千筆旅遊和飯店資訊，方便做1次比價，省去以往還要從Expedia、travelocity、agoda……網站分頭找最低價的麻煩，號稱最高可省下80%住宿費	http www.hotelscombined.com
ORBITZ	老牌旅遊網站，有上萬筆全球飯店、機票、郵輪……資訊，加入會員訂房可獲回饋金(Orbucks)，每1點可抵$1，有時折扣下來省很多	http www.orbitz.com
Priceline	也是老牌旅遊網站	http www.priceline.com
Discover Los Angeles	洛杉磯旅遊局官方網站，飯店選擇較少，但有一併介紹周邊旅遊景點	http www.discoverlosangeles.com
Airbnb	囊括全球34,000個城市的短期租房網，可隨個人喜好挑選住宿地點和風格，但由於承租對象為私人，須自行考量安全性	http www.airbnb.com
CHOICE HOTELS	平價旅館專屬訂房網站，裡面多為2～3星連鎖系統飯店，品質和安全有一定保障，算是相當經濟實惠的住宿選擇	http www.choicehotels.com

奢華型酒店
Luxury Hotels

Hotel Bel-Air(圖片提供／Hotel Bel-Air)

身為國際娛樂之都的洛杉磯怎麼可能沒有奢華飯店，而且奢華程度一間比一間令人嘆為觀止，要問花這麼多錢真的值得嗎？就我個人經驗來說，硬體設備的確是一分錢一分貨，軟體服務更是讓人有賓至如歸的享受，所以如果預算充裕，不妨偶爾對自己奢侈一下囉！

Four Seasons Hotel Los Angeles at Beverly Hills(圖片提供／Four Seasons Hotel)

Hotel Bel-Air(圖片提供／Hotel Bel-Air)

Shutters on the Beach

飯店名稱	特色	城市	每晚平均房價	資訊
Four Seasons	坐落安靜住宅區，隱密性高，享受極致奢華，可欣賞洛市天際線美景	比佛利山莊	$495	✉ 300 S. Doheny Dr., Los Angeles 🌐 www.fourseasons.com 📍 P.93
Ritz-Carlton	位在活力洛城核心鬧區，美食、娛樂、夜生活豐富，高樓層可欣賞無價洛市夜景	洛市中心	$417	✉ 900 W. Olympic Blvd., Los Angeles 🌐 www.ritzcarlton.com 📍 P.46
Shutters on the Beach	踏出飯店就踩在世界聞名的沙灘上，擁有無敵海景，房間布置休閒中帶有尊貴氣息	聖塔莫尼卡	$446	✉ 1 Pico Blvd., Santa Monica 🌐 www.shuttersonthebeach.com 📍 P.130
Hotel Bel-Air	全球最奢華飯店之一，1930～50年代輝煌的西班牙修道院式建築經整修後，蛻變成現代清新有活力的雅致氛圍	西洛杉磯	$495	✉ 701 Stone Canyon Rd.,Los Angeles 🌐 www.dorchestercollection.com 📍 P.110

商務型酒店
Business Hotels

Sheraton Gateway Los Angeles Hotel(圖片提供／Sheraton Hotel)

洛杉磯國際機場(LAX)在2014年創下7,070萬人次進出量,為全美第二大(僅次於亞特蘭大國際機場),最大宗的除了旅客,接著就是商務人士,也因此洛杉磯的商務飯店體系可謂發展的相當成熟;其實我個人也滿喜歡住商務飯店,除了不用擔心網路問題(現在應該沒有人能離開網路了吧),商務飯店多數都走簡潔俐落風格,住起來清爽舒適,而且相對安靜許多,固定住同一集團飯店還能累積點數,真是好處多多啊!

Sheraton Gateway Los Angeles Hotel
(圖片提供／Sheraton Hotel)

Embassy Suites by Hilton LAX North
(圖片提供／Trip Advisor)

飯店名稱	特色	城市	每晚平均房價	資訊
JW Marriott	與奢華酒店Ritz-Carlton同棟大樓,設施相同,可徒步到洛杉磯國際會議中心	洛市中心	$379	✉ 900 W. Olympic Blvd., Los Angeles 🌐 www.marriott.com 🗺 P.46
Inter Continental	位於洛市的西金融區,距比佛利山莊與聖塔莫尼卡僅數分鐘車程,附大型宴會廳與會議中心,可欣賞太平洋海景與好萊塢山景	西洛杉磯	$249	✉ 2151 Avenue of the Stars, Los Angeles 🌐 www.intercontinentallosangeles.com 🗺 P.110
Embassy Suites	24小時機場免費接送,房間寬敞,採客臥2廳分離,方便訪客前往,附每日早餐與Wi-Fi,晚宴附免費酒精飲料	國際機場周邊	$129	✉ 9801 Airport Blvd., Los Angeles 🌐 www.laxembassy.com 🗺 P.128上
Sheraton Gateway	鄰近機場,有機場免費接駁,各種大小會議室,近期全面翻新整修	國際機場周邊	$115	✉ 6101 W. Century Blvd., Los Angeles 🌐 www.sheratonlax.com 🗺 P.128上

備註:以上機場皆指「洛杉磯國際機場」(LAX)

Staying in Los Angeles

新潮型酒店
Modern ／ Hip Hotels

W Hollywood

追求時尚潮流的你應該會喜歡這類飯店，入住房客多為年輕、懂生活，也很享受對自己好的人，而且這類飯店通常地理位置靠近鬧區，休閒娛樂選擇豐富又多元，飯店內的餐廳或酒吧也很適合社交活動，如果你不害怕開口說英文，有時在酒吧或游泳池畔很容易結交到異國朋友喔！

The Standard Downtown LA

W Hollywood(圖片提供／W Hotel)

Viceroy Santa Monica

飯店名稱	特色	城市	每晚平均房價	資訊
W Hollywood	現代奢華風，氣派大廳與頂樓酒吧是亮點，常舉辦時尚派對，徒步可到景點與鬧區	好萊塢	$272	✉ 6250 Hollywood Blvd., Hollywood http www.whollywoodhotel.com MAP P.72上
The Standard	公共空間用色鮮明大膽，客房極簡現代，頂樓泳池與酒吧備受歡迎，置身洛杉磯高樓群中欣賞夜景	洛市中心	$240	✉ 550 S. Flower St., Los Angeles http www.standardhotels.com MAP P.47
Viceroy Santa Monica	典雅高貴兼具摩登現代風格，有無敵海景，徒步可到海灘、3街行人徒步區，享受奢華海灘假期絕佳選擇	聖塔莫尼卡	$351	✉ 1819 Ocean Ave., Santa Monica http www.viceroyhotelsandresorts.com MAP P.130
The London Hotel	英式尊爵風格，寬敞套房精緻現代明亮，附每日早餐與Wi-Fi，徒步可到日落大道，購物、美食方便	西好萊塢	$335	✉ 1020 N. San Vicente Blvd., West Hollywood http www.thelondonwesthollywood.com MAP P.72上

歷史型酒店
Historic Hotels

Chateau Marmont

動輒將近百年歷史的飯店，不但在過去有著輝煌歷史，至今也仍舊保存完好的風華樣貌，甚至因為建築技術進步，重新翻修後更能再現經典的富麗堂皇，而且飯店曾有不少名人入住，或舉辦過一些具歷史性的活動，對房客來說倒是另一種與有榮焉的附加價值。

Chateau Marmont

Millennium Biltmore Hotel Los Angeles

飯店名稱	特色	城市	每晚平均房價	資訊
Millennium Biltmore Hotel LA	金碧輝煌歐式風格，接待無數總統與政商名流，奧斯卡金像獎(Oscars)於1927年在此創立	洛市中心	$205	✉ 506 S. Grand Ave., Los Angeles http www.millenniumhotels.com MAP P.47
Chateau Marmont	1920年代城堡建築，古典華麗的水晶燈與拱廊，彷彿置身歐洲	西好萊塢	$535	✉ 8221 W. Sunset Blvd., West Hollywood http www.chateaumarmont.com MAP P.72上

Staying in Los Angeles

環保型飯店
Green Hotels

Shore Hotel

標榜飯店耗用資源盡可能減輕對地球的負擔，像是廢水、污水自行完善處理後再運用，電源採節能省電系統，提供的沐浴清潔用品對環境造成的化學污染度較小等等，致力為愛護地球盡一分力；順便分享一下，其實不管住哪間飯店，如果能盡量少用幾條毛巾、浴巾，甚至自備，就能幫助飯店減少很多清潔劑的使用，要是再自備牙膏、牙刷、沐浴用品，更能有效減少資源浪費喔！

Shore Hotel

The Westin Bonaventure Hotel & Suites, Los Angeles

飯店名稱	特色	城市	每晚平均房價	資訊
The Westin Bonaventure Hotel	洛杉磯首間獲得綠色標章飯店，商務設施完善，34樓有旋轉餐廳俯瞰夜景	洛市中心	$182	✉ 404 S. Figueroa St., Los Angeles http www.thebonaventure.com MAP P.47
Shore Hotel	摩登現代新穎，講究綠色環保，過條街就到海灘，徒步可到3街行人徒步區	聖塔莫尼卡	$319	✉ 1515 Ocean Ave., Santa Monica http www.shorehotel.com MAP P.130

房間通常較大，鄰近景點也多為適合親子同遊的地區，而且有時候若為兩大床房型，住進2大2小也不會多收錢(還是要先與飯店確認)，另外還有一個優點是，這類飯店通常也為團體房客較常入住選擇，價位相對親民一點，聰明的話上網多比較，常能搶到超值優惠喔！

Universal Hilton Hotel

LOEWS Hollywood Hotel

Universal Hilton Hotel

飯店名稱	特色	城市	每晚平均房價	資訊
Universal Hilton Hotel	環球影城旁邊，免費巴士接駁，娛樂、美食、購物一應俱全，鄰近Metro地鐵紅線	環球市	$161	✉ 555 Universal Hollywood Dr., Universal City http www3.hilton.com MAP P.72上
LOEWS	徒步可到觀光景點，大眾運輸、美食、購物皆方便	好萊塢	$211	✉ 1755 N. Highland Ave., Hollywood http www.loewshotels.com MAP P.72下
LUXE City Center	房間寬敞，徒步可到史坦波中心、活力洛城，娛樂、美食、購物皆方便	洛市中心	$193	✉ 1020 S. Figueroa St., Los Angeles http www.luxehotels.com MAP P.46
Wyndham	附設親子遊戲室，房客享低價租借腳踏車優惠。徒步可到海灘、碼頭、3街行人徒步區	聖塔莫尼卡	$209	✉ 120 Colorado Ave., Santa Monica http www.wyndhamsantamonicapier.com MAP P.130

特色民宿、青年旅社
B&B、Hostel

Hostelling International

背包客首選的物美價廉好住處，但由於洛杉磯各區域治安好壞差異很大，挑選民宿時一定要先「認真做功課」，總之出門在外，人身安全還是比錢財來得重要。

→Hostelling International Santa Monica

家庭型酒店・特色民宿・青年旅社・經濟型連鎖旅館

飯店名稱	特色	城市	每晚平均房價	資訊
Hostelling International Santa Monica	位於聖塔莫尼卡海灘的國際青年旅社，房間乾淨舒適，含早餐、網路、影音間、行李儲放室，另有瑜珈課、現場音樂會等活動，適合學生或單身青年男女入住	聖塔莫尼卡	$40	✉ 1436 2nd St., Santa Monica, CA 90401 🌐 www.hiusa.org 🗺 P.130

經濟型連鎖旅館
Value Hotels

Days Inn

Best Western、Comfort Inn、Traveldge、Days Inn、Motel 6和Super 8等等，都屬2～3星旅館，大部分算乾淨，有浴巾、吹風機等基本配件。

→Travelodge

網站名稱	特色	城市	每晚平均房價	資訊
平價旅館比價網 (CHOICE HOTELS)	統合比價、節省時間	依照所在的城市選擇，各地區都有	各城市不一，但卻是該城市相對來說比較便宜的選擇	🌐 www.choicehotels.com

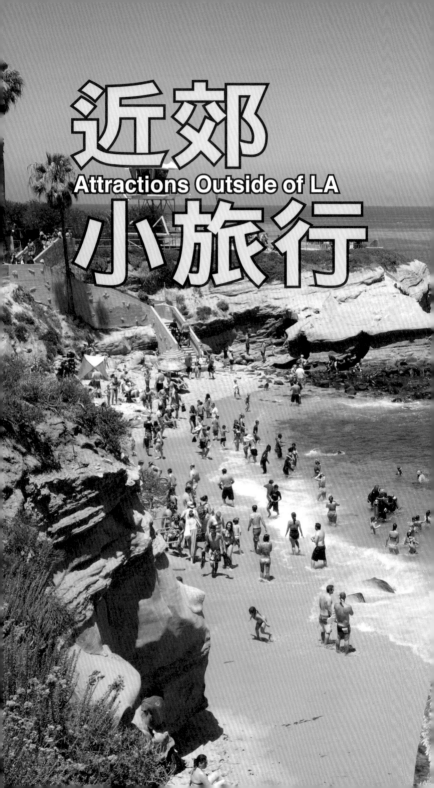

近郊
Attractions Outside of LA
小旅行

洛杉磯已經夠多地方玩，行程夠滿了，還有必要往外跑嗎？答案當然見仁見智，不過要是我，都飛10幾個小時來一趟，再開車2小時的範圍都算小Case，尤其現在我要告訴你的地方，分別在洛杉磯東南方的聖地牙哥、西北方的聖塔芭芭拉，和東方的棕櫚泉與大熊湖，它們3處景致各異，風情也跟洛杉磯迥然不同，但應該沒有人會特別為這3個地方再飛來美國一次，所以如果時間允許，擠進行程裡一定不會後悔！

小提心 清楚易懂的路標

前往洛杉磯近郊旅遊，除了靠GPS衛星導航，沿路指標也都相當清楚易懂，尤其這裡推薦的都是著名景點，不用擔心找不到路。

聖塔芭芭拉市區(Downtown Santa Barbara)

樂高樂園
(LEGOLAND)

聖塔芭芭拉縣立法院
(Santa Barbara County
Courthouse)

海洋世界(SeaWorld)

棕櫚泉風力發電站(Palm Springs Wind Farm)

丹麥村－索文(Solvang)

約書亞樹國家公園
(Joshua Tree National Park)

桑尼吉姆岩洞(Sunny Jim Sea Cave)

洛杉磯近郊地圖

40
10
62
Joshua Tree National Park 約書亞樹國家公園

Big Bear Lake 大熊湖

Desert Hills Premium Outlets 沙漠之丘賴貨中心

Palm Springs 棕櫚泉

Palm Springs Aerial Tramway 棕櫚泉高空纜車

Temecula Balloon & Wine Festival 德美古拉熱氣球暨葡萄酒嘉年華

San Diego Safari Park 聖地牙哥野生動物園

Anza-Borrego Desert State Park

Cleveland National Forest

15

10
60

Ontario Mills 安大略購物中心

Auto Club Speedway NASCAR賽車場

5

Legoland 樂高樂園

5 15

San Diego 聖地牙哥

605
710
405

Los Angeles 洛杉磯市

Rowland Heights 羅蘭崗華人區

5

Camarillo Premium Outlets 卡瑪利歐暢貨中心

Santa Barbara 聖塔芭芭拉

101

Solvang 丹麥村一索文

Rideau Vineyard   Gainey Vineyard

- Mission Santa Barbara 聖塔芭芭拉修道院
- Santa Barbara County Courthouse 聖塔芭拉縣立法院
- Downtown Santa Barbara 聖塔芭芭拉市區
- Stearns Wharf 史登碼頭
- The Habit Burger Grill
- Brophy Bros.

- La Jolla Cove Beach 拉荷亞海灣
- Sunny Jim Sea Cave 桑尼吉姆岩洞
- Balboa Park 巴博亞公園
- USS Midway Museum 中途島航空母艦博物館
- Mission Bay Yacht Rental 租遊艇出海
- SeaWorld 海洋世界
- San Diego Zoo 聖地牙哥動物園
- Mission Bay 米遜灣
- Cabrillo National Monument 卡布里歐國家紀念碑
- La Valencia Hotel 粉紅皇宮飯店
- Old Town San Diego 聖地牙哥老城
- Farmer & The Seahorse
- Bluewater Boathouse Seafood Grill

N
W   E
S

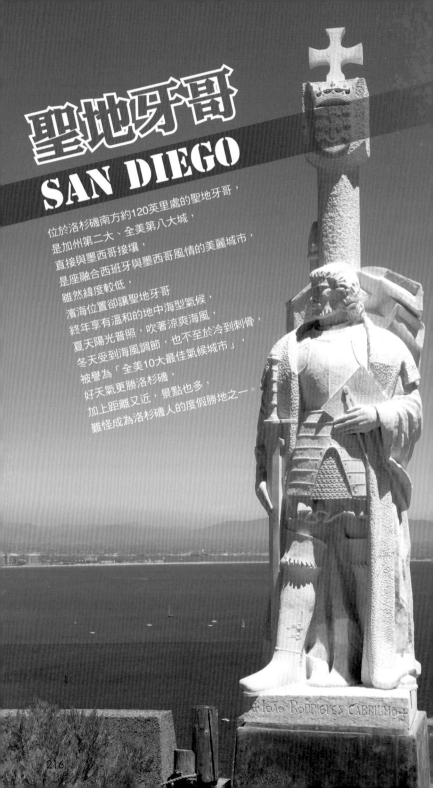

聖地牙哥
SAN DIEGO

位於洛杉磯南方約120英里處的聖地牙哥，
是加州第二大、全美第八大城，
直接與墨西哥接壤，
是座融合西班牙與墨西哥風情的美麗城市，
雖然緯度較低，
濱海位置卻讓聖地牙哥
終年享有溫和的地中海型氣候，
夏天陽光普照，吹著涼爽海風，
冬天受到海風調節，也不至於冷到刺骨，
被譽為「全美10大最佳氣候城市」，
好天氣更勝洛杉磯，
加上距離又近，景點也多，
難怪成為洛杉磯人的度假勝地之一。

熱門景點

海獅享受日光浴的天堂
拉荷亞海灣
La Jolla Cove Beach

✉ 1100 Coast Blvd., La Jolla, CA 92037
🕐 全年開放
💲 免費
➡ 開車FW5
http www.sandiego.gov
❓ 此處海浪較大且水溫偏低，若不諳水性要特別注意安全
MAP P.215

海岸旁公園常有人野餐

海獅雖然可愛，味道倒也滿重

　　La Jolla在古西語意指「珠寶」，可見這裡的美有多珍貴。相較於洛縣海灘，拉荷亞海灣沙灘範圍較小，且沙子顆粒較粗，到這戲水的遊客幾乎都會下水游泳、浮潛或深潛，很少躺在沙灘上做日光浴；相距約5分鐘路程的兒童海泳池(Children's Pool Beach)，最初是在1931年築起堤防，以提供兒童一個安全戲水的空間，後來因為海洋生物資源豐富而成為熱門浮潛勝地，岸上則吸引海獅來曬太陽，海鳥來抓魚

此處海岸多為礁岩地形

覓食，形成人與動物共享大海的和諧景觀。

↓海水清澈，可與熱帶魚共游

桑尼吉姆岩洞
Sunny Jim Sea Cave

✉ 1325 Coast Blvd., La Jolla, CA 92037
🕐 平日10:00～17:00，週末10:00～17:30
💲 \$5
➡ 同P.217拉荷亞海灣
🌐 www.cavestore.com
❓ 階梯有點濕滑，要注意安全
🗺 P.215

　　拉荷亞海灣共有7座7,500萬年歷史的岩洞，一般除了划獨木舟看岩洞，唯一可走陸路抵達的岩洞Sunny Jim，入口處就藏在一間商店裡！這條通道是在1902～1906年間由一名德國礦工兼藝術家親手挖鑿，總共145階，拾級

地道由德國礦工兼藝術家挖鑿

而下就能抵達岩洞，過程很有探險感覺，走到盡頭後，映入眼簾的岩洞剪影映襯著湛藍海景，還有一波波海浪拍打過來，相當美麗！不過回程時因為階梯坡度略陡，爬上去還需要一點體力，但別因為這樣就卻步，相信我，這會是一趟令人難忘的旅程。

多數人並不知道入口竟在此

剪影就像翹鼻子、尖下巴的男人

階梯濕滑，行走時須注意安全

San Diego

近郊小旅行——聖地牙哥

桑尼吉姆岩洞・卡布里歐國家紀念碑

到粉紅皇宮賞無價海景

玩家交流

陽台海景座位總是座無虛席

拉荷亞海灣旁有座西班牙式建築的奢華飯店 La Valencia Hotel，坐在陽台區用餐就能將整片海景納入眼簾，不點酒的話一頓早午餐約$30

甜鹹餐點加香檳的豐盛早午餐

可以解決，我喜歡偶爾對自己奢侈一下，畢竟人生就該浪費在美好的事物上啊！

✉ 1132 Prospect St., La Jolla, CA 92037

🌐 www.lavalencia.com 🗺 P.215

俯瞰聖地牙哥海灣的制高點

卡布里歐
國家紀念碑
Cabrillo National Monument

✉ 1800 Cabrillo Memorial Dr., San Diego, CA 92106

📞 +1 (619)557-5450

🕐 每天09:00～17:00

💲 每車$5

➡ 開車CA209

🌐 www.nps.gov/cabr

ℹ 停車收據效期7天，期間可無限次返回

🗺 P.215

為紀念歐洲探險隊在1542年首次踏上美西而建的紀念碑，從山上可以俯瞰整片聖地牙哥海灣，海面上航行著點點帆船，天氣好的時候視線能及聖地牙哥市景，還有軍艦港與航空母艦中途島號

葡萄牙探險家Juan Rodríguez Cabrillo

迷你貓頭鷹不住樹上而是挖地洞

已經關閉不用的洛馬岬燈塔

(USS Midway)，有興趣的話可以抽空去參觀一下。紀念碑國家公園裡有多條健行步道，往另一座山頭有座洛馬岬燈塔(Old Point Loma Lighthouse)，不過從很早期開始就沒有做燈塔使用，而是改建為博物館作教育用途；體力好的話不妨一路從山上步行到海邊，在徐徐海風吹拂下健行運動，沿途還可能巧遇野生動物，相當有趣。

219

巴博亞公園
Balboa Park

聖地牙哥藝術博物館

✉ 1549 El Prado., San Diego, CA 92101
📞 +1 (619)239-0512
🕐 全年開放
💲 免費
➡ 開車FW5、CA163
🌐 www.balboapark.org
❓ 可以到遊客中心搭叮噹車(Old Town Trolley)
　進行城市巡禮,每人$39
🗺 P.215

　　美國自1835年就有計畫的在這留下1,200英畝開放空間、自然森林、花園與步道,算最早的公園之一,還有16間博物館、7間劇院與世界有名的聖地牙哥動物園也在此;最輝煌歷史莫過於曾經作為1915年巴拿馬加州博覽會與1935年加州太平洋博覽會會場,

集建築藝術大成的公園

公園內隨處可見的西班牙風格建築,就屬這兩個時期產物。

　　這裡也有很多明信片上的聖地牙哥經典場景,包括植物園(Botanical Building)建築本體與前方的蓮花池,是造訪聖地牙哥必拍景點之一,裡面約有2,100種植物可以免費參觀;西班牙藝術村(Spanish Village Art Center)很有童趣風格,鮮豔活潑的馬賽克拼貼地板是最大亮點;另外,世界最大的戶外管風琴(Spreckels Organ Pavilion)也在此,夏季週末夜晚常舉辦免費露天音樂會,坐在星空下聽著4,518根音管演奏出來的樂曲,格外浪漫。

植物園是開園當時世界最大木造建築

San Diego

220

色彩繽紛的西班牙藝術村　　　藝術村內很多手工藝品小店

旅行小抄

寓教於樂的動物園一日遊

位於巴博亞公園腹地內有座聖地牙哥動物園(San Diego Zoo)，是當地著名的親子同遊勝地，動物多豢養在獸籠或半開放的範圍裡；同系列的還有聖地牙哥野生動物園(San Diego Safari Park)，顧名思義就是放養在類似非洲草原的空曠園區裡，更有貼近大自然的感覺，另外，野生動物園負責的「兀鷹保育計畫」是全美最成功的喔！

Safari Park內有2,600多種野生動物

花豹跑百米展現驚人衝刺速度

無獸籠式設計像置身非洲草原

名稱	特色	開放時間	資訊	備註
聖地牙哥動物園(San Diego Zoo)	有800多種動物，鎮園之寶是3隻可愛大熊貓高高、白雲、小禮物	每天09:00～18:00	✉ 2920 Zoo Dr., San Diego, CA 92101　http www.sandiegozoo.org　MAP P.215	
聖地牙哥野生動物園(San Diego Safari Park)	搭遊園車前往非洲動物區，欣賞羚羊、犀牛、長頸鹿，此外獅子營有多隻兇猛非洲獅，而花豹狩獵是最受歡迎的節目	每天09:00～17:00	✉ 15500 San Pasqual Valley Rd., Escondido, CA 92027　http www.sdzsafaripark.org　MAP P.215	套票優惠說明請參考P.171旅行小抄

米遜灣
Mission Bay

✉ 3448 Crown Point Dr., San Diego, CA 92109
Ⓒ 全年開放
$ 免費
➡ 開車FW5、FW8
http www.sandiego.org
🅿 租遊艇網站www.missionbaysportcenter.
   com，現場另有多項水上活動器材可租借
MAP P.215

巴博亞公園西北方不遠處有座人造海灣名為米遜灣(Mission Bay)，是聖地牙哥最大的水上活動公園，很多人喜歡來這滑水、玩風帆和水上摩托車，岸邊則是騎腳踏車、慢跑、溜滑板、甚至露營的熱

遊艇大小選擇多，可多看幾艘做比較

下午陸續出海卡位看煙火

在海上看煙火終身難忘

門地點，而其中我覺得最特別，也是個人最喜歡的水上活動，就是跟朋友一起租遊艇出海，請不要再誤會這是有錢人的享受啦！

以我們租20呎遊艇來說，4小時租金$520，坐滿8個人平分，每人只要$65！加上買了一堆酒和零食，每個人吃超撐、喝超飽，國慶日出海還能順便在海上欣賞絢麗煙火，一趟下來每人$100搞定，並留下任何人聽了都羨慕無比的畢生難忘回憶，不覺得太值得了嗎？沒開過船也別擔心，只要會操縱搖桿和方向盤就會開船，非常簡單！

↓ 在這裡花小錢就能實現遊艇夢

最受歡迎的殺人鯨秀現在已經沒有了

體驗被殺人鯨濺濕的暢快感
海洋世界
SeaWorld

✉ 500 Sea World Dr., San Diego, CA 92109
📞 +1 (619)226-3901
🕐 週日～五09:00～21:00，週六09:00～23:00
💲 $59
➡ 開車FW5、FW8
🌐 www.seaworldparks.com
❓ 網上常有優惠票價，或可考慮CityPASS(P.249)，另有優惠套票組合，參考P.171旅行小抄
🗺 P.215

幾乎每座大城市都有自己的海洋公園或水族館，可是聖地牙哥海洋世界不論規模或名氣，在世界上都是響噹噹，但不說可能沒人會相信，這裡原本只是4名洛加大(UCLA，P.111)學生集資拿出$150萬，想蓋1間以海洋生物為主

聰明伶俐的海豚表演

美洲紅鶴

題的水下餐廳，沒想到餐廳沒開成，竟擴展成占地22英畝的海洋世界，全盛時期甚至陸續在俄亥俄州歐羅拉、佛羅里達州奧蘭多和德州聖安東尼奧開了分館。

目前在聖地牙哥海洋世界裡，共有26個海洋生物展示區、15種遊樂設施、20場秀，以及11項如「與海豚共游」的特殊體驗活動，部分表演內容可能會因為季節有所變動，但場次與選擇性基本不變，其中最受歡迎也最不能錯過的，就是殺人鯨秀(Shamu Adventure)，不過在動物保護組織的抗議下已於2017年1月取消，現已改成「Orca Encounter」，雖不像從前殺人鯨表演那樣刺激，卻更具有教育意義，介紹許多有關殺人鯨的知識。

223

樂高樂園
LEGOLAND

- ✉ 1 Legoland Dr., Carlsbad, CA 92008
- ☎ +1 (760)918-5346
- ⊙ 每天10:00～20:00
- 💲 $93
- ➡ 開車FW5
- http www.legoland.com
- ❓ 夏天開放水上樂園，另有優惠套票組合，請參考P.171旅行小抄
- MAP P.215

小美國囊括全美著名景點

　　大家的童年應該多少都有樂高伴隨長大吧！就我個人觀察發現，樂園裡不但小孩玩得開心，很多大人更是看得興味盎然，儼然重新找回童年歡樂時光。來自歐洲的樂高樂園，在全球是僅次於迪士尼(P.170)的第二大主題樂園，園區內的造景和遊樂設施，全部都由大小不同的樂高積木搭建而成，栩栩如生的程度總讓人忍不住發出讚嘆之聲；占地128英畝的園區總共分成8大主題區，重頭戲是類似

小人國的小美國(Miniland USA)，以1：20比例花3年時間，用2千多萬顆樂高打造出美國多座具代表性的大城市，以及經典電影《星際大戰》(Star Wars)的場景縮影，相當逼真精緻。

旅行小抄

組合套票最划算

聖地牙哥動物園(P.221)、野生動物園(P.221)、海洋世界(P.223)與樂高樂園，以上4個園區平日與週末票價差異很大，還有各種組合套票，建議先決定前往日期與樂高園後，再上各園區官網找最省錢方案。

嘗鮮！酸酸甜甜的蘋果薯條 (Apple Fries)

紐奧良威尼斯人嘉年華(Mardi Gras)

San Diego

玩家交流

近郊小旅行——聖地牙哥

樂高樂園

德美古拉熱氣球暨葡萄酒嘉年華
(Temecula Valley Balloon & Wine Festival)

從洛杉磯往聖地牙哥路上的德美古拉鎮，因為擁有3,500英畝葡萄園與30多間酒莊，被譽為南加州納帕(Napa)酒鄉，全年都適合前往酒莊品酒與搭乘熱氣球，不過年度盛會莫過於夏天登場的「熱氣球暨葡萄酒嘉年華」。

搭乘時段分清晨或傍晚，因為氣溫低，容易利用熱空氣對流升空，而且這次我才知道，原來搭熱氣球並非想像中浪漫，反而是考驗體力的活動，全程4小時只能站著，身上只准帶相機，還沒有配降落傘……，但當熱氣球緩緩升空，一下飛越樹梢，轉眼又到3,000英呎高空，全程順著風流起降，完全感受不到任何顛簸，更忘記什麼叫作害怕。至於降落其實有點危險，因為必須靠竹籃與地面摩擦來煞車，我們跌跌撞撞近10分鐘才終於停下，全部人在籃子裡倒成一團，最後得手腳並用爬出來，狼狽又有趣，也留下終身難忘回憶！

站起來準備升空

搭熱氣球雖然略貴但絕對值得

$ 約$210
http www.tvbwf.com
MAP P.275

樂高樂園規模在全球僅次於迪士尼

栩栩如生的美麗噴火龍

共度歡樂親子時光的好地方

園區內意外美味的炭烤豬肋排套餐

老城區的一家墨西哥餐廳正在烤製新鮮的玉米麵餅

墨西哥舞表演

聖地牙哥最古老的街區
聖地牙哥老城
Old Town San Diego

✉ 4002 Wallace St, San Diego, CA 92110
☎ +1 (619)220-5422
🕐 週一～四10:00～16:00，週五～日10:00～16:00
💲 免費
➡ 火車 Amtrak Old Town站；開車FW8、FW5
http www.oldtownsandiegoguide.com
MAP P.215

　　喜歡體驗歷史文化的遊客，一定會想要到聖地牙哥老城來看看，最有趣的是舊城州立歷史公園(Old Town San Diego State Historic Park)，這裡的建築都是在1820～1870年之間建造的，是聖地牙哥的發源地。走在公園裡彷彿穿越時空，看到2百多年前聖地牙哥的樣貌。和死氣沉沉的博物館不同，這裡有餐廳、店鋪、博物館，而且有舞蹈和音樂表演，絕對不會讓你感到無聊。

　　歷史公園外有熱鬧的餐飲購物場所，可以品嘗到正宗的墨西哥菜和瑪格麗特雞尾酒。此外，

　　摩門教徒營歷史遺址(Mormon Battalion Historic Site)也千萬不要錯過，這是一個互動型的博物館，運用布景、燈光、互動電視和現場表演，逼真地還原了當時的場景，如同身臨其境。在老城的東面是遺址公園(Heritage County Park)，與老城歷史公園裡的西班牙式建築大不同，這裡保留的是維多利亞式建築，周邊環繞的是綠地和花園，令人心曠神怡。

歷史公園內一景

遺址公園內的Coral Tree Tea House有英式下午茶

San Diego

226

特　色　餐　飲

♥ 適合全家週末聚會的休閒餐廳

Farmer & The Seahorse

✉ 10996 Torreyana Rd Ste 240, San Diego, CA 92121
☎ +1 (858)260-5400
🕐 週一～六07:00～20:00，週日10:00～14:00
💲 主餐$8.57元起
➡ 開車FW805、FW5
🌐 thealexandria.com/farmer-the-seahorse
🗺 P.215

聖地牙哥是全美最適合家庭旅遊的目的地之一，而Farmer & The Seahorse可以說是全城最適合家庭用餐的餐廳，尤其早午餐時間，非常受歡迎。戶外有寬敞的草地和遊樂設施給小朋友們玩耍，室內也有很大的用餐空間，週末還有現場音樂表演。比較受歡迎的餐點

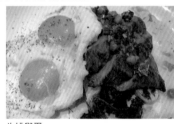
戶外和室內都很寬敞

牛排與蛋

有龍蝦捲、Chilaquiles。在提供早午餐的時間，可以點這裡的蛋和牛排，火候剛剛好，配上略帶甜味的蔬菜，嫩香爽口。

♥ 位置絕佳的滿分餐廳

Bluewater Boathouse Seafood Grill

✉ 1701 Strand Way, Coronado, CA 92118
☎ +1 (619)435-0155
🕐 週一～四11:30～21:00，週五11:30～21:30，週六11:00～21:30，週日11:00～21:00
💲 主餐$16元起
➡ 開車FW5
🌐 www.bluewatergrill.com
🗺 P.215

這家餐廳位於聖地牙哥科羅納多島海灣處，一個可以欣賞海景的絕佳位置，從菜式、環境、衛生程度、裝潢和服務上都做到了滿分。坐在靠窗的位置，享受著黃昏時停泊著白色遊艇的海灣景色，大啖這

位置絕佳

這裡的Ceviche是新鮮蝦肉、魚肉與石榴、牛油果和洋蔥的絕美組合

裡精緻鮮美的海鮮和美酒，可以說是旅行中最完美的一刻了。

227

聖塔芭芭拉
SANTA BARBARA

聖塔芭芭拉在我印象中，
一直是座鳥語花香的粉紅城市，很美很舒服，
也許是因為濱海，隨時都吹著徐徐微風，
地中海型氣候讓終年氣溫涼爽適中，
遍布全城的西班牙殖民復興風格建築很有歐洲風情，
每走幾步就有書店和特色咖啡館，
整體生活步調比較慢，商業氣息沒那麼重，
跟平常住的洛杉磯感覺很不同，
所以讓我始終對它情有獨鍾。

知識充電站

曾經的電影重鎮

聖塔芭芭拉在1910～1922年是默
劇電影重鎮，年產量達1,200部，
直到電影工業需要更大的腹地以
及更多專業人員，才遷移到好萊
塢；1925年6月一場芮氏規模6.3
地震，幾乎震垮全市，但危機就
是轉機，市府將重建工程統一定
調為西班牙式建築，才讓我們今
天能悠遊在這座美麗花都。

熱門景點

聖塔芭芭拉修道院

加州修道院之后
聖塔芭芭拉
修道院
Mission Santa Barbara

✉ 2201 Laguna St., Santa Barbara, CA 93105
📞 +1 (805)682-4713
🕐 每天09:00～17:00
💲 $7
➡ 開車FW101
🌐 www.santabarbaramission.org
❓ 只有外部可免費參觀
🗺 P.215

這裡是加州建立的第十座修道院

白磚瓦配上粉紅圓頂與邊牆，宏偉矗立在加州湛藍天空下，前方一片綠油油草皮，再遠方是蔚藍大海，開滿黃色蓮花的噴水池引來許多紫色蝴蝶，如此畫面根本就像置身明信片中。這棟西班牙修道院是由拉蘇恩神父(Fermín Lasuén)於1786年始建，但在1812和1925年先後兩次遭大地震損毀，現在看到是1927年改建完成

旁邊的玫瑰花園香氣撲鼻

參賽者細膩逼真的畫工讓人讚嘆

的模樣，還真是命運多舛的修道院皇后；修道院外圍與周邊花園開放遊客免費參觀，入內則需要付費，可以自行瀏覽或加入專人導覽行程，要提醒的是，由於修道院也是當地人平時會來做禮拜的小教堂，如果適逢教會活動，應盡量避免過多打擾喔！

每年蠟筆彩繪總吸引數百人參賽

創建修道院的教士

聖塔芭芭拉
縣立法院

Santa Barbara County Courthouse

✉ 1100 Anacapa St., Santa Barbara, CA 93101
☎ +1 (805)962-6464
🕐 平日08:00～17:00，週末10:00～17:00
💲 免費
➡ 開車FW101
http www.sbcourthouse.org
❓ 每天14:00有1小時免費導覽
MAP P.215

被譽為全美最美麗的法院

最初法院是走希臘復興式建築，但在1925年大地震中損毀後，便按照市府定調(參考P.228知識充電站)，重新打掉改建為現在模樣，工藝與雕塑之精細，曾獲建築大師摩爾(Charles Willard Moore)譽為「最壯觀的西班牙殖民復興建築」，要我來說的話，這個法院根本就像一座西班牙式城堡。法院共由4棟樓與1座中庭花園組成，遊客可以自行入內參觀，除非遇上正在開庭的法庭，則會將大門關上、禁止進入，但法院內其他地方仍能自由行走；法庭牆上壁畫和梁柱上的雕刻值得細看，記得搭乘老電梯登上頂樓，將360度市景與遠方太平洋海景盡收眼底。

雕工精緻的建築外觀

在這出庭的感覺想必很複雜

登高遠眺有恍如置身西班牙的錯覺

Santa Barbara

逛起來相當舒服的商圈　　　　　　寬敞舒適，連轉角都有巧思的大街

近郊小旅行──聖塔芭芭拉

聖塔芭芭拉縣立法院・聖塔芭芭拉市區

充滿鳥語花香與藝術氛圍的大街

聖塔芭芭拉市區
Downtown Santa Barbara

✉ Gutierrez St～Victoria St之間的State St路段
◎ 全年開放
$ 免費
➡ 開車FW101
http www.santabarbaraca.gov
MAP P.215

市區範圍很大，但最適合徒步行走逛街的區域，是以State St.為主幹線與延伸兩旁巷弄的街區，在主街上古典華麗的西班牙建築裡，有300多間商店、50間藝廊、10間美術館與博物館，以及100多間評價都很高的異國美食餐廳，全程來回悠閒的邊走、邊吃、邊逛，約可度過一整個下午；人行道上花團錦簇，穿插馬賽克拼貼的飲水機或噴水池，隨處可見公共藝術造景，還有才華洋溢的街頭藝人在表演，馬路上常有價格不菲的古董車穿梭行駛，也可以搭上隨招隨停的叮噹車快速瀏覽市區，總之這裡是一處我覺得不論逛街、拍照或坐路邊長椅上放空都很享受的大街。

充滿裝置藝術的街道

儼然專業演出的街頭藝人表演

磨坊風車轉啊轉

丹麥村——索文Solvang

🕐 全年開放
💲 免費
➡️ 開車FW101
http www.solvangusa.com
ℹ️ 每年9月中有加州規模最大的丹麥嘉年華(Danish Festival)活動，相當精采
MAP P.215

距離聖塔芭芭拉約40分鐘車程的西北方，有座小鎮名為索文，因為建築、街景跟加州一般城市迥然不同、別具特色，就我自己和身邊朋友的經驗來說，索文的確是一個很容易讓人愛上的小鎮。

索文在丹麥語中的意思是「充滿陽光的田園」(Sunny Field)，1911年由一群從美國中西部搬來加州避寒的丹麥移民所建立，鎮上房屋全採傳統丹麥式建築，甚至把首都哥本哈根著名地標小美人魚的噴泉雕像都複製過來，還有安徒生紀念館，展示許多安徒生膾炙人口的童話故事手稿和世界各國版本，像是《人魚公主》、《醜小鴨》、《拇指姑娘》等等，有沒有童年歡樂回憶瞬間湧上心頭的感覺？

走進索文，或俗稱的丹麥村，彷彿走進北歐童話王國，色彩鮮豔的房屋頂上風車緩緩轉動，街上飄著甜甜麵包香與淡淡花香，櫥窗內展示

鎮上很多古董與手工藝品店

搭馬車或騎單車遊小鎮都很愜意

詩情畫意的美麗小鎮

Santa Barbara

各種北歐手工藝品，讓人忍不住細細玩賞；街上很多人在騎協力車，有預算的話也可以乘馬車，用慢活步調體驗丹麥村悠閒恬靜的生活，倒是意外的絕配，而且村子不大，騎完一圈也不會累。

至於吃的部分，Olsen's麵包店有傳統丹麥西點，味道不錯但偏甜；最具代表性的丹麥小吃金蘋玫(Æbleskiver)，其實就像圓球狀鬆餅，傳統內夾蘋果餡，外邊淋上草莓果醬與糖霜，我覺得看起來比實際好吃；倒是Paula's鬆餅貌不驚人，口感卻讓我為之驚豔，鬆餅薄脆中帶有嚼勁，還能吃到一股甜甜麵粉香，我大力推薦！

Olsen's Danish Village Bakery
✉ 1529 Mission Dr.

Solvang Restaurant
✉ 1672 Copenhagen Dr.

Paula's Pancake House
✉ 1531 Mission Dr.

走，品酒去！Wine Testing Tour

丹麥村所處的聖塔尼茲山谷(Santa Ynez Valley)是加州著名酒鄉之一，附近有數十間酒莊，各具特色，有些甚至達百年歷史，但因為每個人參觀酒莊的訴求不同，我就介紹自己偏好的2間囉！

通常不到$20就能品嘗5～6款酒

加州十大最佳葡萄酒製造商 Gainey Vineyard

一望無際的葡萄園是最大特色，莊主以3代傳承經驗充分利用當地涼爽氣候，栽培夏多內(Chardonnay)、黑皮諾(Pinot Noir)與希哈(Syrah)3種葡萄來釀酒；品酒室在白

火腿起司怎麼配酒是一門學問

綠意盎然的葡萄園

色西班牙莊園內，$15可品6款酒，拿酒到葡萄園野餐別有風情，而且酒杯可以帶回家作紀念。

✉ 3950 E. Highway 246, Santa Ynez, CA 93460　🕐 每天10:00～17:00
http www.gaineyvineyard.com　MAP P.215

最受同志歡迎的葡萄酒 Rideau Vineyard

以帶有甜味的野餐酒享譽葡萄酒圈，而且是當地唯一提供品酒＋導覽的酒莊，2人只要$35，就能跟專家走進葡萄園，教你什麼酒配什麼美食，又吃、又喝、又上課，一舉多得！

✉ 1562 Alamo Pintado Rd., Solvang, CA 93463　🕐 週日～五11:00～16:30，週六11:00～17:00　http www.rideauvineyard.com　MAP P.215

逛街購物

♥ 最多年輕設計師品牌

卡瑪利歐暢貨中心
Camarillo Premium Outlets

✉ 740 E. Ventura Blvd., Camarillo, CA 93010
📞 +1 (805)445-8520
🕐 週一～六10:00～21:00，週日10:00～20:00
💲 視個人預算
➡ 開車FW101
🌐 www.premiumoutlets.com(有中文版)
❓ 服務台可索取折價本
🗺 P.215

在南加州的名氣雖然不是最大，但卻是我最喜歡逛的暢貨中心首選，這裡160多間店最大特色就是品牌年輕化，尤其想買有質感的牛仔褲(Premium Denim)到這準沒錯，包括7 For All Mankind、Diesel、DKNY、Lucky Brand、True Religion Brand Jeans等品牌都可以參考；另外像是到Tory Burch挑平底鞋，Saks Fifth Avenue off 5th挖精品，Michael Kors、Kate Spade NY、Coach買上班包，Forever 21掃平價衣服……，都滿適合小資一族的預算。

> 不介意過季就到這買精品

牛仔褲也能穿出時尚與質感

至於運動迷常逛的Adidas、NIKE、Oakley Vault、Converse、Van Heusen等品牌也有暢貨門市，而且商品種類選擇多、尺寸齊全、價格漂亮，算是相當好買；還有時尚人妻鍾情的Le Creuset法國經典琺瑯鑄鐵鍋，原價已經比台灣便宜又再打約6折，再重都想扛回家；好萊塢明星喜歡的新興品牌Kitson在這也有櫃，逛看看說不定你也能找到自己的隨興街拍風格，總之準備好腳力慢慢逛就對囉！

平日來逛人少貨又齊全

折扣誘人的設計師品牌商品

很多地方都有分店

來去史登碼頭看海吃飯吧！

玩家交流

沿聖塔芭芭拉市區主街State St,往海邊走約15分鐘就到史登碼頭(Stearns Wharf),碼頭上有許多餐廳,評價普遍不錯,所以隨機看心情或上yelp挑間餐廳,找個靠窗位置坐下,看是要喝杯調酒談天說地,或享用海鮮大餐打打牙祭,一邊欣賞夕陽西下海景,浪漫無比！

MAP P.215

相較之下人煙稀少的史登碼頭　　香煎鮭魚佐奶油烤洋芋

特 色 餐 飲

♥ 擊敗其他連鎖名店的漢堡

The Habit Burger Grill

✉ 628 State St., Santa Barbara, CA 93101
☎ +1 (805)892-5400
🕐 週一〜六10:30〜21:00,週日11:00〜20:00
💲 \$5起
🚌 公車30;開車FW101
http www.habitburger.com
MAP P.215

現點現做,用的是美國聯邦農業部(USDA)認證上選三角牛排肉、碳烤雞肉或壽司等級的金槍魚排,大火炭烤後加上焦糖洋蔥、新鮮生菜與融化起司,一起夾進用木炭烘烤過的外酥內軟漢堡包裡,差點忘了還有畫龍點睛的醃黃瓜,大口咬下,鮮嫩肉汁瞬間溢滿整個口腔,難怪能擊敗各大名牌漢堡店,成為老美心目中的No.1！

分店越開越多,在洛杉磯也能品嘗到

全美票選最好吃的漢堡

棕櫚泉與大熊湖
PALM SPRINGS & BIG BEAR LAKE

到棕櫚泉的這條路，跟去聖塔芭拉和聖地牙哥的
海岸線景致完全不同。FW10公路一路往東筆直前進，
途中經過兩大誘惑：安大略購物中心 (Ontario Mills) 與
沙漠之丘暢貨中心 (Desert Hills Premium Outlets)；
接著公路兩旁出現綿延不絕的大型風車發電站，相當壯觀。
抵達棕櫚泉市有度假小鎮可以逛，還能搭纜車登上雪山；
再開車進入約書亞樹國家公園 (Joshua Tree National Park)，
見識《魔戒》般的電影場景出現眼前！
至於大熊湖，冬天是滑雪勝地，夏天是露營天堂，
住在湖畔小木屋有如置身仙境，
本書最後一區壓軸推薦，你準備好了嗎？

知 識 充 電 站

加州3大風力發電站之一

棕櫚泉的風力發電站 (San Gorgonio Pass Wind Farm) 是加州3大風力發電站之一，由南加州愛迪生電力公司 (SC Edison) 負責，共有3,218根巨型風車，相當壯觀。

熱門景點

媲美阿爾卑斯山的壯麗景色
棕櫚泉高空纜車
Palm Springs Aerial Tramway

- ✉ Tram Way, Palm Springs, CA 92262
- 📞 +1 (760)325-1449
- 🕐 平日10:00～20:00，週末08:00～20:00
- 💲 $23.95
- ➡ 開車CA111
- 🌐 www.pstramway.com
- ❓ 山上氣溫降約20℃，所以不管山下沙漠多熱，都要帶外套上山
- MAP P.215

可載80人的全球最大旋轉纜車

很多人在這拍婚紗照

　　全世界只有3座360度旋轉高空纜車，分別在南非開普敦(Cape Town)、瑞士鐵力士山(Titlis)和加州棕櫚泉，乘客只要站定位，就可隨纜車緩緩旋轉2圈看見全方位景色。纜車從索諾蘭沙漠(Sonoran Desert)出發，進入陡峭群峰山嶺之間，為了搭配地形起伏，有時會幾近垂直上下，滿刺激的；只要約12分半的時間就抵達海拔2,596公尺的聖哈辛托州立公園(Mt. San Jacinto State Park)，翁鬱樹林高聳入天，常年白雪靄靄，漫步森林中有神清氣爽、置身仙境的感覺，天氣晴朗時，往北最遠能看到320公里以外的賭城拉斯維加斯呢！

陡峭山壁更添纜車建設工程難度

與山下沙漠截然不同的世界

怪樹、巨石、仙人掌的魔戒世界
約書亞樹國家公園
Joshua Tree National Park

- ☎ +1 (760)367-5500
- ⏰ 全年開放
- 💲 每車$20，7天有效
- ➡ 開車FW10
- 🌐 www.nps.gov
- ⁉ 國家公園內沒有加油站，入園前先加滿油較保險
- 🗺 P.215

仙人掌刺中帶刺

白雪與沙漠共存的世界

公園由2座沙漠組成，沿途景色空曠荒涼，站在沙漠中的一棵棵姿態怪異、看似在豔陽下婆娑起舞，或朝天膜拜的約書亞樹，是地球上罕見的特有沙漠植物。巨大的嶙峋怪石讓人嘆為觀止，下車順著步道走進沙漠，可以手腳並用爬上巨石，居高臨下欣賞一望無際的奇幻美景，難怪成為攀岩愛好者的天堂。另外還有仙人掌花園(Cholla Cactus Garden)，白色毛茸茸的仙人掌難得一見，但千萬小心不要碰它，上次有朋友手殘故意去輕摸而已，結果手掌瞬間扎滿近百根仙人掌刺，還得出動眉毛夾慢慢拔了1小時，朋友也滿手是血，真是名符其實血淋淋的教訓！

景致奇異的國家公園

一望無際的約書亞樹

Palm Springs & Big Bear Lake

←有經驗的學長在講解

我的滑雪初體驗

玩家交流

在大熊湖滑雪首先要買票，票價分半日票、1日票與多日票，內含搭纜車(Lift)上山；接著去租雪橇(Ski)或雪板(Snowboard)和雪靴，工作人員會依身高提供合適器材，我們除了自備保暖衣褲和手套，墨鏡更是必備，因為雪地反光實在太過刺眼。

初生之犢不畏虎的我選擇挑戰雪板，稍微練習平衡就跳上纜車登上峰頂，大熊湖雪道從簡單到高難度都有，最緩雪道從上到下依初學者邊滑邊摔的速度，一趟約半小時，高手大概5分鐘不到吧！我不停地滑雪、跌倒、爬起來再滑，雖然摔得很痛，可是逐漸上手後真的會上癮，現在滑雪已經成了我冬天最期待的活動之一。

現場很多課程，教練會依個人程度教導最正確的姿勢和技巧，看到有些才4、5歲的小朋友上完課，馬上就可以從我身邊呼嘯而過的時候，心中真是既羨慕又感慨！無論如何，滑雪是挑戰個人體力和意志力的運動，有機會嘗試看看，說不定你也會跟我一樣愛上滑雪，但還是要注意安全喔！

四季皆好玩的世外桃源

大熊湖
Big Bear Lake

Ⓒ 全年開放
Ⓢ 免費
➡ 開車CA18
http www.bigbear.com
⁇ 冬天降大雪時，山路較難行駛，甚至會暫時封路
MAP P.215

湖光山色的滑雪勝地

清晨的大熊湖彷彿人間仙境

海拔6,750英呎的大熊湖，夏天可以露營、健行、登山、騎馬、釣魚、划獨木舟，冬天是熱門滑雪勝地，小木屋、度假村、飯店一應俱全，鎮上餐廳、咖啡館、紀念品店無所不在，尤其戶外運動用品店和滑雪器材專賣店更是不計其數。景致優美、氣候涼爽，離洛杉磯又近的大熊湖，是有錢人喜歡投資度假小木屋的地方，除了自己度假用，其餘日子就出租，如果一群朋友上山玩，可以考慮合租湖畔小木屋，分攤後物美價廉，走到陽台就能欣賞湛藍色的美麗湖泊，那坐擁山水的幸福，著實讓人有置身仙境的美妙感覺。

知識充電站

大熊湖其實是人工水壩

大熊湖其實不是湖，而是1884年人工建造的水壩，水源全部來自聖博納帝諾山區(San Bernardino Mountains)雪水，沒有支流也不會進行人工蓄水，所以終年都是冰涼的水，不宜也不准游泳；東西寬約11公里，南北長約4公里，深約22公尺，蓄水量雖然不大，但湖光山色帶來的美景，卻是南加州無價之寶。

逛街購物

♥ 獨家品牌、選擇多樣化

沙漠之丘暢貨中心
Desert Hills Premium Outlets

✉ 48400 Seminole Dr., Cabazon, CA 92230
☎ +1 (951)849-6641
🕐 週一～五10:00～21:00，週六09:00～21:00，
　 週日10:00～20:00
💲 視個人預算
➡ 開車FW10
🌐 www.premiumoutlets.com(有中文版)
❓ 沙漠區逛街別忘隨時補充水分
🗺 P.215

雖然是Outlets，但商品仍多又齊全

這裡折扣給得很有誠意

讓很多人買到失心瘋的Coach

　　南加州最大、最有名的暢貨中心，不僅當地人必定逛過，幾乎每個來洛杉磯的遊客也都會被帶來這裡狂掃貨；全部共3大區、180多間店，近期才剛翻修過，新增很多其他暢貨中心沒有的精品名牌，而且價格漂亮到你會不停勇敢地把卡刷下去！特有精品品牌包括Bottega Veneta、Burberry、D&G、Gucci、Jimmy Choo、Prada、Salvatore Ferragamo、Tod's、Versace、Saint Laurent Paris……，也很好買的中上品牌則有Coach、A|X、UGG、Tory Burch、L'Occitane、Tumi……，基本上約要花1天時間才能逛得盡興。

　　不過在暢貨中心購物有一點要注意，由於有些商品是最後出清價，通常不享有退換貨服務，結帳時要問清楚；至於其他可以退換貨的商品，原則上也必須維持商品原樣並保留標籤，才能憑結帳收據或刷卡簽單到其他門市辦理退換貨喔！

鑄鐵鍋便宜到再重也想扛回家

Palm Springs & Big Bear Lake

比暢貨價還要再省錢的小祕方

玩家交流

1. 預先上網加入會員，下載Exclusive折價券，就可免費獲得特價之後再折價的折價本(Coupon Book)，多1本省很大。
2. 也可到現場服務台花$5買折價本。
3. 建議週三或週四去逛，避開週末人潮，而且店家多在這2天補貨。
4. 同行若有50歲以上的人，建議挑每週二去，出示身分證件就享有「50 Plus Shopper Perks」優惠，所有商品再多10%折扣。
5. 沙漠地區日夜溫差大，夏夜也會偏涼，做好保暖措施可逛得更盡興。
6. 裡面食物不好吃，可自備糧食或吃完中餐再進去。

記得到服務台索取優惠券

♥ 上飛機前的購物好去處

安大略購物中心
Ontario Mills

✉ 1 Mills Cir, Ontario, CA 91764
☎ +1 (909)484-8301
🕐 週一～六10:00～21:00，週日11:00～20:00
💲 各店不一
➡ 開車FW10、15
🌐 www.simon.com/mall/ontario-mills
MAP P.215

老美逛街很愛吃的巧克力蘋果

安大略購物中心

　　很多從台灣飛到洛杉磯的遊客可能會使用到安大略機場(Ontario Airport)，而安大略購物中心距離機場只有2.3英里，且是附近最大的購物中心和OUTLETS。中心內有包括CK、Coach、Disney Store、Nike等大大小小的各種服飾品牌，還有劇院、餐廳以及玩具店等，在去機場之前，不妨到安大略購物中心進行最後的禮品採購，消磨上飛機之前最後的時光。

安大略購物中心內的SAKS Fifth Avenue Outlet

自己親手做娃娃

TRAVEL INFORMATION
實用資訊

遊客在行程上所需要的所有資訊盡皆囊括其中，讓您的行程規畫得更為完整，確保旅遊的平安與舒適。

洛杉磯旅遊黃頁簿

Travel in Los Angeles

前往與抵達
DEPARTURE & ARRIVAL

簽證

　　美國在2012年10月2日宣布台灣成為第三十七個赴美免簽證計畫(Visa Waiver Program，簡稱VWP)成員，並自同年11月1日起生效，從此符合資格並持有台灣晶片護照(效期至少6個月以上)與台灣身分證號碼的民眾，只要在行前至少72小時登入「旅行授權電子系統」(ESTA)網站，送出申請資料，並在線上刷卡繳交$14手續費，一旦獲得授權許可，就可在2年內(或護照到期日止)無限次前往美國洽商或觀光(原本B簽證)，一次最長停留90天，如果許可被拒，則只收$4處理費。

旅行授權電子系統(ESTA)

　　登入ESTA網站時要注意，http後方有「s」，且網址結尾為「.gov」，以免誤上廣告網站，被多收申請費用事小，重要個資外流就麻煩了。

ESTA申請網頁：
https://esta.cbp.dhs.gov

最下面有方型圖案即為晶片護照↑

旅行授權電子系統(ESTA)網站

申請流程教學

填表好緊張？別擔心，美國在台協會(AIT)網站貼心也提供ESTA申請流程教學影片，只要準備好相關資料，20分鐘就能完成。

美國在台協會(AIT)網站：

www.ait.org.tw(左上方可選中文介面)

ESTA申請流程教學影片：

中文首頁→多媒體→影音專區→旅行授權電子系統(ESTA)示範影片

美國在台協會(AIT)辦事處

ESTA只適用符合免簽資格的申請人，要用其餘身分進入美國的話，還是要親自跑一趟AIT申請所屬簽證。

台北辦事處

✉ 台北市大安區信義路三段134巷7號
☎ +886 (02)2162-2000

高雄辦事處

✉ 高雄市前鎮區成功二路88號5樓
☎ +886 (07)335-5006

航空公司

台灣直飛洛杉磯航程約11.5小時，洛杉磯直飛台灣約14小時，反正航空公司選擇很多，想直飛或轉機全看個人。

直飛台灣→洛杉磯的航空公司

中華航空 China Airlines
http www.china-airlines.com.tw

長榮航空 Eva Air
http www.evaair.com

達美航空 Delta Air Lines
http www.delta.com

新加坡航空 Singapore Airlines
http www.singaporeair.com

長榮航空台灣←→洛杉磯的Hello Kitty班機

入境審查

入境美國的相關注意事項：

1. 入關前據實填寫「美國海關入境申報表」，攜帶肉製品、農產品、動植物、土壤或超過$10,000現金，都必須申報。
2. 洛杉磯是美西最大門戶，不論直達或轉機，都要排隊入境，所以請準備好耐心排隊通關。
3. 海關會丟簡單例行問題，通常不太會刁難，真的不行可以尋求翻譯人員，最後拍照、壓指紋、入境。
4. 領取行李出關，有些人會被隨機抽查，過X光機開箱檢查，一旦發現違禁品立刻沒收，嚴重甚至會吃上官司，就別冒險了吧！

「美國海關入境申報表」(CBP Form 6059B)，1個家庭共同填1張即可

出境安檢

準備回台灣了嗎？國際航線出境建議提早3小時到機場報到，因為安檢程序相當嚴格，幾乎每個人都要通過全身X光掃描儀(Full-Body Scanner)，但海關電腦只會顯現身體輪廓，所以別怕尷尬，照指令接受檢查就好。

駐外單位

台灣與美國雖然不是邦交國，但還是在各大主要城市設有駐外辦事處，以在第一時間就近幫助台灣民眾解決問題，重要事項諸如申補辦護照、出生文件、居留證明等等需要官方認證的文件，或是臨時在海外發生重大急難事件時，可以逕行向辦事處尋求協助，其餘時候駐洛辦事處也會與南加州當地僑社密切交流，舉辦多場活動、座談會，提供政府與生活資訊，讓長期旅居的僑民與短期觀光的遊客都能享受到台灣政府提供的應有福利。

駐洛杉磯台北經濟文化辦事處 (Taipei Economic & Cultural Office in Los Angeles，簡稱 TECO)

✉ 3731 Wilshire Blvd., Suite 700, Los Angeles, CA 90010
🔗 www.roc-taiwan.org/CZ/mp.asp?mp=146
🕐 週一～五09:30～11:30，13:30～16:30
☎ +1 (213)389-1215

旅外國人急難救助電話

僅供車禍、搶劫、有生命危險之緊急情況時撥打
☎ +1 (213)923-3591

機場與交通 TRANSPORTATION

機場

洛杉磯國際機場(Los Angeles International Airport，簡稱LAX)共8個航廈和1個國際航廈(Tom Bradley International Terminal，簡稱TBIT)，幾乎所有國際旅客都從TBIT出入，有人接機的話因為只有1個出口，很難找不到人。

機場聯外交通

機場聯外動線基本上並不複雜，就是一個大圈不停環繞，但無時無刻幾乎都處在塞車狀態，等車時需要有點耐心；至於候車的地方，必須看自己選擇哪種交通工具，依頭頂上的指標找到相對應的等候區排隊，可別奢望隨招隨停這回事，機場裡到處都是警察，開單快狠準，不只駕駛人，不遵守規定的旅客一樣會被開單的。

計程車須到指定位置搭乘

租車公司接駁巴士

交通工具	名稱	資訊	票價
地鐵	Shuttle G	搭巴士前往地鐵綠線機場站	免費
公車	Lot C	搭巴士前往停車場Lot C或Metro Bus Center轉乘其他路線公車前往下榻城市	免費
大巴士	FlyAway	共五大站：Van Nuys、Union Station、Westwood、Santa Monica、Hollywood	單程$8～$10
私營小巴士	SuperShuttle	http www.supershuttle.com	依距離約從$20起跳；先上網訂位，直接停靠下榻地點門口
	Prime Time Shuttle	http www.primetimeshuttle.com	
航廈間接駁巴士 LAX	Connections A	在機場各大航廈間巡迴行駛，以方便旅客到另一個航廈轉機	免費
飯店、私立停車場接駁巴士		先與飯店或停車場聯繫接駁時間	免費
計程車		http www.taxifarefinder.com 招呼站會提供主要地區收費參考	機場到洛市中心約$45
租車		搭乘租車公司的接駁巴士前往車站	免費

租車、駕車教戰守策

在洛杉磯沒有車等於沒有腳，自己開車玩洛杉磯絕對是明智抉擇！機場外圍有近40家租車公司，以車種選擇、服務、據點和信譽來看，選擇大型連鎖租車公司較有保障，須年滿21歲且持有信用卡才能租車，沒有加州駕照租車需額外購買保險。

申辦國際駕照或加州駕照

遊客：出國前先到台灣的監理站申請國際駕照，不過要提醒的是，加州不承認任何國際駕照，只將它視為英文譯本，所以開車要隨身攜帶護照、台灣有效駕照和國際駕照，否則就是無照駕駛，屬刑事罪名，罰金最高

$1,000外加出庭費用，車子會被拖吊扣留，駕駛甚至可能坐牢。

非遊客：遊學、留學、工作……會「居住」在加州的人，必須在成為居民後10天內向汽車監管局(DMV)報考加州駕照，否則也是無照駕駛，所以不是持免簽或觀光簽證入境，最好不要心存僥倖想用國際駕照矇混過關。

常見租車公司

以下提供幾間較常見的連鎖租車公司選擇：

Avis　　　http www.avis.com
Budget　　http www.budget.com
Dollar　　http www.dollar.com
Enterprise http www.enterprise.com
Hertz　　　http www.hertz.com
Midway　　http www.midwaycarrental.com

租車程序：仔細了解車況

1. 已經網路預約只要出示護照和信用卡就行，有時預定車款沒了，店家會提供同等級替代車款或加價升級車款2種選擇。

2. 問清楚每日租金、里程限制、隱藏費用、保險涵蓋範圍、自付理賠程度，以及稅金、緊急需要換車的因應措施、A點租B點還的費用等，總之越詳細越好。

3. 接著檢查車子外觀、內裝、里程數、油量，並將車子的各角度拍照，確認後簽名即可牽車上路。

牽車前先與租車公司一同確認車況

還車手續：將油加回原量

務必將油加回租車時的量再還，否則租車公司收的油費會比外面市價高很多，工作人員會檢查車況，確認後簽名拿收據，記得看清帳單是否有額外收費。

務必遵守當地交通法規

1. 車上每個位置都要繫安全帶。
2. 開車不能手持行動電話。
3. 遇警車、消防車、救護車務必靠邊停下讓道。
4. 8歲以下孩童必須使用安全座椅或增高墊。
5. 除非另有限制，一般紅燈可以右轉，但要禮讓行人。
6. 看到STOP標誌要完全停下至少3秒，若有行人務必禮讓，

各方向先停的車先走，必須依序通行。

7. 遇閃紅燈校車必須停下等待。
8. 絕對不能與行人爭道。
9. 酒駕(DUI)是重罪，罰金近萬美元，外加牢獄。

聽到警鈴，駕駛人會自動讓道

親子遊提醒：根據加州法律，8歲以下或4英呎9英吋(144.8公分)以下的兒童，必須坐在後座，且必須使用兒童安全座椅或增高座椅，40磅(約18.14公分)以下或者40英吋(101.6公分)以下的兒童，需背對前排座椅。基本上所有租車的公司都會提供兒童安全座椅，價格不一，每個座椅的租金，一般每天從$10～$70不等。

交通違規處理

1. 警察攔檢絕對要停車，不要擅自下車，雙手握方向盤，等指令才拿護照、駕照、保險證明交給警察，認罪後在紅單上簽名，千萬別和警察起爭執，否則警察可以增列妨礙公務罪，甚至開槍。

2. 罰單一定要繳清，否則違規紀錄永遠存在，未來再入境，海關電腦就會顯示你欠美國政府錢，帶來無數麻煩。

3. 遇車禍需下車交換駕照和保險資料，爭執或想私下理賠都無用，一切交由保險公司處理，嚴重車禍時撥打911。

地鐵與公車

洛杉磯腹地廣大，但地鐵(Metro)路線不夠多，站與站之間距離太遠，除了洛市中心景點較為密集，其他地方出站後要到目的地通常還有好長一段路，至於公車(Metro與DASH兩大系統)班次也不如台北公車密集，尤其DASH系統的公車到下班時間後就不行駛，週末也大多不開，平均又要20～30分鐘才一班車，相當不方便，所以儘管政府一再宣導多用大眾運輸系統，當地人還是寧可自己開車，搭乘時要注意安全。

Metro：www.metro.net(有中文版)
DASH：www.ladottransit.com

週六下午地鐵站也是空蕩蕩

車廂不如台北捷運乾淨明亮

交通tap卡

要用公車或地鐵玩洛杉磯，可以買tap卡，費用$2，還能在tap卡裡存錢來租共享單車。看好所需票價進行儲值，雖然有些出口沒有明確柵欄，但美國採取信任制度，一旦被發現逃票，罰金可高達$250！公車、地鐵路線和票價可以登入官方網站查詢，網站首頁就可切換成中文(網址請參考左欄地鐵與公車)。

信用卡　　　　　出票口

路邊的tap卡售賣機

新版tap卡

計程車

計程車一定要預約，網站可估價；現在流行用手機預約Uber叫車，收費較便宜，我有朋友曾幸運叫到保時捷(Porsche)呢！

計程車(Yellow Cab)：
www.layellowcab.com
Uber：www.uber.com

消 費 與 購 物
SHOPPING

折扣日

重頭戲是11月感恩節、12月聖誕節和1月新年,平時各店家也會有折扣(On Sale)或清倉(Clearance)區塊,撿便宜往那找就對了。

暢貨商場

懶得跑Outlets,可以考慮市區裡的暢貨商場,分店很多、折扣也不錯,耐心找也有很棒的特價商品可以有機會買到喔!

推薦好逛商場
Nordstrom Rack:全為過季名牌,很好挖寶。

ROSS Dress for Less:中價位品牌衣服為主,也有生活用品。
T.J.Maxx:偏年輕的品牌、運動用品。
Marshalls:剛過季商品,名牌與中價位都有。

暢貨商場服飾鞋包一應俱全,好買又好逛

各分店貨源不盡相同,需碰運氣

各類超市

洛杉磯常見的各類型超市:

超市類型	名稱	特色
一般美國超市	Ralphs Albertsons VONS	隨處可見,商品種類多又便宜,可買水和方便充飢的零食隨身攜帶
有機超市	Trader Joe's WHOLE FOODS SPROUTS	價位略高,但更新鮮健康
華人超市	大華99 Ranch Market	專賣台灣、中國進口食品,也有賣新鮮製作的亞洲熟食
日本超市	MARUKAI Mitsuwa	小而精緻,附設食堂常有美味日本餐廳
韓國超市	H MART	公認最新鮮、最便宜
連鎖藥局	Walgreens CVS Rite Aid	成藥、維他命、家用醫療用品都有,也有藥劑師駐店依醫師開立的處方箋配藥
生活百貨	Walmart Target	類似台灣的愛買或家樂福生鮮食品、居家用品、衣服、電器、玩具……都有
電器百貨	BEST BUY Fry's	各類電器、家電與電腦、電子產品

秀色可餐的老美蛋糕通常偏甜

有機超市食材多來自加州當地農場

銷售稅

加州消費要在標價上再加銷售稅(Sales Tax)，各城市略有差異，洛市、洛縣多為9.5%，橙縣8%，也就是商品標價為$100時，結帳要付$109。

旅遊套票CityPASS

美國遊樂園門票不便宜，如果行程中有至少2個熱門旅遊景點，不妨考慮買套票；CityPASS是專賣旅遊套票的公司，在全美12座城市或區域提供熱門觀光景點的門票組合方案，也就是買1張票即可用在套票涵蓋的所有景點，有時最高可以省下50%的所有門票花費，而且不用現場排隊買票，不但省錢又省時。

CityPASS網站：www.citypass.com

成人票省27%，小孩省33%

退換貨

通常鑑賞期有30天，但也有期限1週的，店員幾乎不過問退貨原因，所以請別破壞這個互信制度；大多商家會直接退款，有些只能換店家消費點數(Store Credit)，最後折扣品(Final Sale)通常不給退換貨，結帳時要先問清楚。

折價券

美國購物有折價券(Coupon)差很多，新聞報導Coupon達人甚至厲害到買滿滿一車東西後，店家還要退錢！我們當然不追求這個境界，但能省則省。

1. 超市外、商場服務台拿折價券傳單。

2. 事先上網www.coupons.com列印Coupon，舉凡衣服、食物、租車都有。

3. 手機下載GROUPON APP搜尋店家折扣。

4. 詢問「保證最低價」(Price Match) 服務，我去BEST BUY買相機時，店員主動幫我上網找同商品最低價，結果我用比標價少$100價錢購得，當場買到賺到。

小費

　　店內用餐需付小費，以稅前總額10％～20％計算，若餐飲費$100，小費15％，稅9％，最後結帳要付$124；若有優惠券，還是要用原本該付的總價來算小費，因為小費是給服務生的，而服務生提供的服務並不會因為顧客使用優惠券就打折扣。若刷卡可直接寫最後總價，或寫餐飲費＋稅的價錢，小費放現金在桌上；團體用餐至少要給18％，除了剩下的找零可以直接放著，其他小費最好避免給零錢，因為這是不禮貌的行為；速食店或自助式餐廳不用給小費。

日常生活資訊
BEING THERE

時差

　　洛杉磯比台灣慢16小時，為了充分利用陽光節省能源，每年3月第二個週日～11月第一個週日則是「日光節約時間」(Daylight Saving Time)，這時洛杉磯就比台灣慢15小時。

行動電話

　　主要電信業者都有預付卡(Prepaid)，價格和包含內容各有差異，可先上網比較，到洛杉磯再前往門市現買現裝，馬上就通。

各家電信業者比較
Verizon：方案最貴，但收訊幾乎無死角。
http www.verizonwireless.com

AT&T：方案適中，收訊基本上沒太大問題。
http www.att.com
T-Mobile：方案最便宜，但收訊略差，近期稍有改善。
http www.t-mobile.com
Sprint：便宜，收訊範圍有限。
http www.sprint.com

一般超市也會有電話預付卡專區，可自行比較

電壓

　　與台灣同為115～120伏特，台灣電器可直接插電源使用。

電器百貨

日本超市

Travel Information

好用手機APP

JiTT.travel(有中文)

洛杉磯吃喝玩樂真人語音導覽，並有離線地圖協助規畫路線。

yelp

各式商家的網友評鑑。

Groupon

各種商家的優惠活動。

CityMaps2Go

可離線使用地圖，查詢附近餐廳或觀光景點。

Navmii

可離線使用的GPS導航。

Sigalert

查詢即時的最新路況。

Convert

貨幣與各種度量單位快速轉換；美國度量單位跟台灣都不同，長度、時速用英里，容量用加侖，溫度用華氏，重量用磅，面積用平方英呎等。

貨幣

美金紙鈔面額分為$100、$50、$20、$10、$5、$2和$1，銅板分為25分(Quarter)、10分(Dime)、5分(Nickel)和1分(Penny)，$1相當於100分，$50和$2的紙鈔在市面上很少見到，5分硬幣比10分硬幣還要大；另外，洛杉磯幾乎所有店家都收信用卡，不管金額多小都可以刷卡，所以身上不必帶太多現金，但若準備去華人區用餐或到洛市中心停車，就要準備足夠現金；可多帶$1或$5小額紙鈔，付小費較方便。

$100

$20

$10

$5

$1

25分　　5分

10分　　1分

匯率

美金兌台幣粗略算約為1：30，可先上網查詢匯率；另外，本書中提到的金額，除非有特別標示貨幣單位，否則基本上全部都以「$美金」為單位，畢竟是在美國旅行嘛！如果要換算成台幣才能想像，就用30倍作粗略計算比較方便囉！

臺灣銀行網站：

www.bot.com.tw

臺銀首頁上方→匯率利率→牌告匯率、歷史匯率

服裝

休閒輕便為主，球鞋、涼鞋、夾腳拖都可以，但也要帶一套體面衣服，前往高級餐廳或正式場合時還是需要；夏天雖然都穿短袖，仍建議帶件薄連帽外套，早晚較涼時穿，冬天就視個人怕冷程度而異，總之記得採洋蔥式穿法就對了。

氣候

洛杉磯的絕佳氣候舉世聞名，屬於亞熱帶地中海型氣候，全年陽光明媚、乾燥少雨，很適合旅遊，夏天乾熱不容易流汗，非常舒服，冬天乾冷也不會覺得太冷，全年平均最高溫29.1℃，平均最低溫8.6℃，雨季約在12月～

難得遇到下大雨，開心的淋雨也要拍

洛杉磯幾乎終年晴空萬里

隔年2月，近年來隨著全球變暖，洛杉磯夏天的天氣已不像從前那樣涼爽了，夏天的時候，有的山谷地區的白天氣溫高達120°F以上，就連涼爽的海濱城市，有時白天的氣溫也會高達90°F。

←氣候絕佳的洛杉磯，適合從事各種戶外活動

月分 Month	1 Jan	2 Feb	3 Mar	4 Apr	5 May	6 Jun	7 Jul	8 Aug	9 Sep	10 Oct	11 Nov	12 Dec
平均最高溫 (°F)	68	69	70	73	74	79	83	85	83	79	73	68
平均最低溫 (°F)	49	51	52	55	58	62	65	66	65	60	53	49
平均最高溫 (°C)	20	20.5	21.1	22.7	23.3	26.1	28.3	29.4	28.3	26.1	22.7	20
平均最低溫 (°C)	9.4	10.5	11.1	12.7	14.4	16.6	18.3	18.8	18.3	15.5	11.6	9.4
降雨天數	4	5	4	1	0	0	0	0	0	1	2	3

單位換算

美國很多度量單位都跟台灣不同，以下是簡易換算表：

單位換算表：

美國	台灣	換算方式
華氏(°F)	攝氏(°C)	°C＝（°F－30）÷2 此為最簡單好記方式
英吋(inch)	公分(cm)	1 inch＝2.54 cm
英呎(foot)	公尺(m)	1 foot = 0.30 m
英里(mile)	公里(km)	1 mile＝1.61 km
英磅(lb)	公斤(kg)	1lb＝0.45 kg
盎司(oz)	公克(g)	1 oz＝28.35 g

個人旅行 *108* **最新版**

洛杉磯(附聖地牙哥、聖塔芭芭拉、棕櫚泉與大熊湖)

作　　者	艾米莉(Emily)	

國家圖書館出版品預行編目資料

洛杉磯(附聖地牙哥、聖塔芭芭拉、棕櫚
泉與大熊湖) / 艾米莉(Emily)作. -- 二版.
-- 臺北市：太雅, 2019.11
面；　公分. -- (個人旅行；108)
ISBN 978-986-336-339-2(平裝)
1.自助旅行 2.美國洛杉磯
752.77199　　　　　　108010411

總 編 輯	張芳玲
書系企劃	taiya旅遊研究室
編輯部主任	張焙宜
修訂協力	Sheila Choy
企劃編輯	張焙宜
主責編輯	林孟儒
特約編輯	陳妤甄
修訂主編	鄧鈺澐
封面設計	何仙玲
美術設計	何仙玲
地圖繪製	蔣文欣

太雅出版社
TEL：(02)2882-0755　　FAX：(02)2882-1500
E-mail：taiya@morningstar.com.tw
郵政信箱：台北市郵政53-1291號信箱
太雅網址：http://taiya.morningstar.com.tw
購書網址：http://www.morningstar.com.tw
讀者專線：(04)2359-5819 **分機**230

出 版 者	太雅出版有限公司
	台北市11167劍潭路13號2樓
	行政院新聞局局版台業字第五〇〇四號
總經銷	知己圖書股份有限公司
	106台北市辛亥路一段30號9樓
	TEL：(02)2367-2044／2367-2047　FAX：(02)2363-5741
	407台中市西屯區工業30路1號
	TEL：(04)2359-5819 FAX：(04)2359-5493
	E-mail：service@morningstar.com.tw
	網路書店 http://www.morningstar.com.tw
	郵政劃撥 15060393(知己圖書股份有限公司)
法律顧問	陳思成律師
印　　刷	上好印刷股份有限公司　TEL：(04)2315-0280
裝　　訂	大和精緻製訂股份有限公司　TEL：(04)2311-0221
二　　版	西元2019年11月01日
定　　價	399元

(本書如有破損或缺頁，退換書請寄至：台中市工業30路1號 太雅出版倉儲部收)

ISBN 978-986-336-339-2
Published by TAIYA Publishing Co.,Ltd.
Printed in Taiwan

填線上回函，送 "好禮"

感謝你購買太雅旅遊書籍！填寫線上讀者回函，好康多多，並可收到太雅電子報、新書及講座資訊。

好康1

好康2

每單數月抽10位，送珍藏版 「祝福徽章」

方法：掃QR Code，填寫線上讀者回函，就有機會獲得珍藏版祝福徽章一份。

填修訂情報，就送精選 「好書一本」

方法：填寫線上讀者回函，並提供使用本書後的修訂情報，經查證無誤，就送太雅精選好書一本 (書單詳見回函網站)。

＊同時享有「好康1」的抽獎機會

洛杉磯：附聖地牙哥、聖塔芭芭拉、棕櫚泉與大熊湖 (最新版)

https://reurl.cc/OlqRg

＊「好康1」及「好康2」的獲獎名單，我們會於每單數月的10日公布於太雅部落格與太雅愛看書粉絲團。

＊活動內容請依回函網站為準。太雅出版社保留活動修改、變更、終止之權利。

太雅部落格 http://taiya.morningstar.com.tw
有行動力的旅行，從太雅出版社開始